Bushcraft para niños

Domine el arte de la supervivencia al aire libre y prospere en la naturaleza salvaje

© Copyright 2024

Todos los derechos reservados. Ninguna parte de este libro puede ser reproducida de ninguna forma sin el permiso escrito del autor. Los revisores pueden citar breves pasajes en las reseñas.

Descargo de responsabilidad: Ninguna parte de esta publicación puede ser reproducida o transmitida de ninguna forma o por ningún medio, mecánico o electrónico, incluyendo fotocopias o grabaciones, o por ningún sistema de almacenamiento y recuperación de información, o transmitida por correo electrónico sin permiso escrito del editor.

Si bien se ha hecho todo lo posible por verificar la información proporcionada en esta publicación, ni el autor ni el editor asumen responsabilidad alguna por los errores, omisiones o interpretaciones contrarias al tema aquí tratado.

Este libro es solo para fines de entretenimiento. Las opiniones expresadas son únicamente las del autor y no deben tomarse como instrucciones u órdenes de expertos. El lector es responsable de sus propias acciones.

La adhesión a todas las leyes y regulaciones aplicables, incluyendo las leyes internacionales, federales, estatales y locales que rigen la concesión de licencias profesionales, las prácticas comerciales, la publicidad y todos los demás aspectos de la realización de negocios en los EE. UU., Canadá, Reino Unido o cualquier otra jurisdicción es responsabilidad exclusiva del comprador o del lector.

Ni el autor ni el editor asumen responsabilidad alguna en nombre del comprador o lector de estos materiales. Cualquier desaire percibido de cualquier individuo u organización es puramente involuntario.

Tabla de Contenidos

CARTA DE PRESENTACIÓN A LOS PADRES 1
CARTA DE PRESENTACIÓN A LOS NIÑOS 3
SECCIÓN 1: ¿QUÉ ES BUSHCRAFT? 5
SECCIÓN 2: EQUIPO DE BUSHCRAFT 14
SECCIÓN 3: CORDAJE Y NUDOS 29
SECCIÓN 4: REFUGIOS BUSHCRAFT 39
SECCIÓN 5: FOGATAS 48
SECCIÓN 6: AGUA Y COMESTIBLES 58
SECCIÓN 7: PRIMEROS AUXILIOS BÁSICOS 69
SECCIÓN 8: HABILIDADES PARA ENCONTRAR COMIDA 80
SECCIÓN 9: HABILIDADES Y CONSEJOS ADICIONALES DE BUSHCRAFT 91
MENSAJE DE AGRADECIMIENTO 99
VEA MÁS LIBROS ESCRITOS POR DION ROSSER 101
REFERENCIAS 102

Carta de presentación a los padres

Aunque animar a los niños a aventurarse al aire libre es esencial para su salud y bienestar, es natural que los padres se preocupen por su seguridad. Es primordial que los niños comprendan la importancia de la seguridad, las habilidades prácticas a utilizar en la naturaleza y los pasos a seguir en situaciones difíciles. Este libro no trata solo de conocer las habilidades prácticas, sino de utilizarlas eficazmente en el mundo natural, preparando al niño para la exploración al aire libre.

El propósito de este libro va mucho más allá de la enseñanza de habilidades al aire libre. Es una guía práctica para su hijo, que alimenta una auténtica pasión por el aire libre y crea una conexión con la naturaleza.

Amor por el aprendizaje: A través de explicaciones sencillas, el libro pretende encender el amor por el aprendizaje. Su hijo descubrirá las habilidades de observación, exploración y descubrimiento para utilizarlas en el mundo natural, despertando la curiosidad y la sed de conocimiento.

Fomento de la confianza: Su hijo ganará confianza en sus capacidades al dominar habilidades prácticas. Esta nueva seguridad en sí mismo puede repercutir positivamente en su desarrollo general y en su sentido de la independencia.

Administración medioambiental: El libro educa a los niños sobre el valor de la naturaleza, el significado de la preservación de la vida salvaje y la necesidad de mantener el hábitat intacto durante sus exploraciones.

Vínculo familiar: Como padre, puede unirse a sus hijos en estas aventuras al aire libre. El libro ofrece una fantástica oportunidad para pasar tiempo de calidad en familia, reforzando el vínculo paterno-filial y creando recuerdos entrañables.

La seguridad ante todo: Tenga la seguridad de que el libro concede la máxima importancia a la seguridad. Su hijo aprenderá habilidades esenciales como primeros auxilios, búsqueda segura de alimentos, navegación y preparación para emergencias, asegurándose de que está bien equipado para manejar diversas situaciones al aire libre de forma responsable.

Los riesgos potenciales de la naturaleza son impredecibles, y precisamente por eso se comparten a lo largo del libro amplias pautas de seguridad y pasos fáciles de entender. La seguridad de su hijo es la máxima prioridad. Este viaje enriquecerá la vida de su hijo y creará recuerdos duraderos y un fuerte sentido de la responsabilidad medioambiental.

Gracias por confiar al libro la oportunidad de inspirar a una nueva generación de exploradores responsables y amantes de la naturaleza.

Carta de presentación a los niños

Prepárese para un emocionante viaje por la vida salvaje y la supervivencia al aire libre que le proporcionará habilidades para la vida que podrá utilizar en situaciones difíciles en la naturaleza. Este libro es algo más que palabras y páginas. Le lleva a un mundo en el que se convertirá en el aventurero definitivo mientras se mantiene a salvo a sí mismo y a los que le rodean. El viaje no consiste en leer o atiborrarse de información. En su lugar, se trata de hacer, experimentar y abrazar lo salvaje mientras se prospera en cada situación.

A medida que lea sus páginas, descubrirá cómo construir un refugio, hacer una hoguera, orientarse en la naturaleza y mucho más. Estas son las habilidades de los verdaderos aventureros, habilidades que le capacitan para explorar el mundo que le rodea. Sin embargo, recuerde que estas habilidades deben utilizarse. Cuanto más las utilice, más valiosas serán. Además de proporcionarle una visión general de estas habilidades de supervivencia esenciales, se le presentarán los fundamentos de la búsqueda de alimentos en la naturaleza y las técnicas de primeros auxilios para afrontar cualquier situación de supervivencia extrema con conocimiento y confianza.

La naturaleza salvaje no es solo un lugar para sobrevivir. También es un lugar para prosperar. Es donde descubrirá las maravillas de la naturaleza y la vida oculta bajo cada roca. La naturaleza es su maestra, y este libro su guía. Aprenderá a aventurarse al aire libre, a explorar los secretos de los bosques, a escalar las cumbres y a correr por las orillas. Sienta el viento en la cara, escuche el canto de los pájaros y contemple la danza de los árboles. La naturaleza es un tesoro de experiencias esperándole.

Tenga este libro como compañero porque cada página será un peldaño en su camino para convertirse en un verdadero explorador. Comparta sus historias con sus seres queridos, vea sus descubrimientos y comparta sus aventuras. La naturaleza salvaje es su patio de recreo, y usted es su apreciado huésped. Le deseamos un viaje increíble.

Sección 1: ¿Qué es Bushcraft?

¿Le encanta aventurarse en grandes aventuras al aire libre? Si es así, necesita aprender una serie de importantes habilidades de supervivencia en la naturaleza para su seguridad y disfrute al máximo de su aventura al aire libre. Estas habilidades de supervivencia se denominan bushcraft o habilidades de supervivencia. Necesita habilidades de bushcraft para vivir en zonas salvajes, remotas o en un lugar poco habitado.

Acampar consiste en disfrutar del entorno natural y de actividades divertidas. En cambio, el bushcraft consiste en una amplia gama de conocimientos prácticos y pericia necesarios para sobrevivir y prosperar en la naturaleza. El bushcraft incluye construir un refugio, hacer fuego y buscar comida y agua. Le enseña a confiar en sí mismo, a ser adaptable, a vivir en la naturaleza con un mínimo de recursos y a estar preparado para lo que venga. En esta sección, aprenderá todo sobre bushcraft y las habilidades al aire libre que todo pequeño aventurero debe aprender.

El bushcraft incluye construir un refugio, hacer fuego y buscar comida y agua
https://www.pexels.com/photo/family-standing-near-the-campfire-in-the-woods-9210491/

Importancia cultural e histórica

El bushcraft o las habilidades al aire libre han tenido una gran importancia cultural e histórica a lo largo de diversas épocas y civilizaciones. La gente ha confiado en estas habilidades para sobrevivir en la naturaleza a lo largo de la historia. Desde las antiguas comunidades forrajeras o cazadoras-recolectoras hasta las civilizaciones modernas, estas habilidades, que incluyen encender un fuego, construir un refugio, buscar comida y la capacidad de navegar, siempre han sido esenciales para la supervivencia.

Estas habilidades al aire libre siguen siendo muy importantes en muchas culturas indígenas y están muy arraigadas en su modo de vida. Estos conocimientos se transmiten de generación en generación para preservar las técnicas y aprehensiones tradicionales. Además, estos conocimientos están fuertemente ligados a prácticas culturales y rituales que reflejan la poderosa conexión entre la naturaleza y la humanidad. El bushcraft también ha desempeñado un gran papel en muchas exploraciones y acontecimientos históricos. Las habilidades para la vida salvaje fueron extremadamente importantes para la supervivencia y el éxito de los primeros exploradores que se aventuraron en nuevos territorios y de los descubridores que se asentaron en las nuevas tierras. Estas capacidades les ayudaron a adaptarse a nuevos entornos, afrontar retos y establecer comunidades desarrolladas.

Hoy en día, el bushcraft sigue teniendo un significado cultural, ya que fomenta la resistencia, la adaptabilidad, la autosuficiencia y un profundo amor por la naturaleza. Le ayuda a reconectar con sus raíces ancestrales mediante la comprensión de las habilidades elementales que equiparon a sus antepasados para sobrevivir en la naturaleza salvaje. Además, estas habilidades han cobrado protagonismo con el avance de la tecnología para ayudarle a desconectar del mundo moderno y abrazar un estilo de vida sencillo y sostenible. Aprender bushcraft no solo le dotará de la capacidad de sobrevivir en la naturaleza, sino que también le ayudará a crear una conexión más profunda con la naturaleza, aumentará la confianza en sí mismo y le proporcionará una sensación de empoderamiento.

¿Por qué debería aprender Bushcraft?

Aprender bushcraft tiene muchos beneficios. Aprender bushcraft es una experiencia gratificante que le dota de las habilidades necesarias para desenvolverse en las situaciones desafiantes de la naturaleza y le ayuda a reconectar con sus instintos primarios y sus capacidades innatas. He aquí una lista de razones por las que debería plantearse aprender bushcraft:

Aprenderá independencia

El bushcraft le enseña las habilidades necesarias para sobrevivir. Al aprender estas habilidades, aprenderá a cuidar de sí mismo, fomentando en usted un sentimiento de confianza y autosuficiencia. Aprender habilidades básicas para salvar vidas como encender un fuego, construir un refugio y conseguir agua potable y alimentos son formas maravillosas de autosuficiencia que le enseñarán a sobrevivir con los mínimos recursos si alguna vez se encuentra en una situación desafortunada.

Le enseña habilidades de pensamiento crítico y resolución de problemas

Las habilidades de Bushcraft le ayudan a desarrollar la capacidad de analizar situaciones, encontrar soluciones y adaptarse a nuevas circunstancias. Necesitará habilidades creativas de resolución de problemas y rapidez mental para sobrevivir en la naturaleza. Estas habilidades también son importantes para desenvolverse en otros aspectos de su vida, incluidos los proyectos escolares y los retos personales.

Crea conciencia medioambiental

El bushcraft y las habilidades al aire libre le conectan profundamente con la naturaleza. A medida que aprenda a desenvolverse en entornos naturales, será más consciente del medio ambiente y apreciará el mundo que le rodea. El uso de técnicas respetuosas con el medio ambiente alimentará su deseo de salvar el planeta.

Le hace más adaptable e ingenioso

Como sabe, en la naturaleza dispondrá de recursos limitados. Los niños que aprenden técnicas de "bushcraft" se vuelven más autosuficientes e ingeniosos a medida que sortean situaciones difíciles utilizando los recursos naturales de forma eficiente. Se vuelven más adaptables y creen que pueden encontrar una salida en todas las situaciones, incluidas las de su vida cotidiana.

Le pone en forma físicamente

Las habilidades de Bushcraft requieren mucho esfuerzo físico, lo que sin duda le hará más fuerte físicamente. Estas habilidades le permiten desarrollar un aprecio por las actividades al aire libre y volverse más activo físicamente.

Adquirirá habilidades de gestión de crisis

Puede salvar vidas en situaciones de emergencia con las habilidades de bushcraft. Las habilidades de gestión de crisis como la señalización de emergencia, la navegación y el aprendizaje de primeros auxilios le prepararán para situaciones inesperadas.

Aumenta su confianza y resistencia

Volverse autosuficiente aumentará su confianza en sí mismo. Estas habilidades esenciales para salvar vidas le hacen creer que puede superar la adversidad y los retos. Le hace más resistente y empieza a comprender que puede manejar las incertidumbres de la vida con entereza y persistencia.

Oportunidad de educar a otros

Una vez que se convierta en un profesional del bushcraft, y si le apasiona, también podrá enseñar estas habilidades esenciales a los demás. Comparta sus conocimientos sobre estas habilidades prácticas con sus amigos, familiares y otros niños de su escuela o del vecindario.

Recreación al aire libre

El Bushcraft es una forma excelente de mejorar sus experiencias de ocio. Hará que sus experiencias al aire libre, ya sean acampadas, excursiones con mochila o senderismo, sean significativamente más agradables y aventureras.

Se sentirá realizado cuando descubra que puede manejar el fuego con seguridad, cocinar comidas y asumir las responsabilidades que conlleva la supervivencia. Estas habilidades de supervivencia son útiles porque le hacen autosuficiente, humilde y amante de la naturaleza.

Respete la naturaleza y no deje rastro

Cuide el medio ambiente y déjelo como lo encontró. Puede disfrutar y beneficiarse de la naturaleza sin perturbar el ecosistema ni dejar huellas de su presencia. He aquí algunas formas de minimizar su impacto en el medio ambiente:

Minimice la contaminación

Tenga cuidado con los residuos que genera mientras se encuentra en entornos naturales. Asegúrese de recoger toda su basura y limite el uso de artículos desechables. Recoja lo que ensucie y deshágase cuidadosamente de la basura.

No cree nuevos senderos

Utilice los senderos ya establecidos para evitar la erosión del suelo y la alteración del hábitat. La creación de nuevos senderos también puede causar daños a los hábitats de la fauna y a la vegetación.

No moleste a la fauna

Si se encuentra con un animal salvaje, obsérvelo desde lejos e intente no molestarle ni darle de comer. Alimentar a estos animales salvajes puede alterar su dieta y sus comportamientos naturales y puede dar lugar a interacciones poco saludables entre animales y humanos.

Utilice medios de transporte sostenibles

Asegúrese de utilizar medios de transporte sostenibles para visitar estas zonas naturales. Puede utilizar la bicicleta, compartir el coche con sus amigos o utilizar el transporte público para reducir su huella de carbono.

Ahorre agua

Tenga especial cuidado con el uso del agua mientras explora la naturaleza. Ser consciente de su consumo de agua puede reducir el peligro de contaminación del agua por jabón, detergentes u otros contaminantes.

Edúquese

Aprender sobre la vida salvaje y las zonas naturales que visita le ayudará a comprender la fragilidad de su entorno. Puede llevarle a tomar mejores decisiones y a utilizar comportamientos cuidadosos mientras esté ahí fuera.

No perturbe los artefactos naturales y culturales

Deje los artefactos naturales o culturales tal y como los encontró. Esto incluye plantas, rocas y reliquias históricas. Evite remover estos artefactos y déjelos para que la siguiente persona los disfrute y los aprecie.

Inspire a otros

Puede compartir sus conocimientos e inspirar a otros a cuidar el medio ambiente y los artefactos naturales y culturales. Debe animar a los suyos a aprender y obedecer los principios esenciales del movimiento "No dejar rastro".

Debe respetar la naturaleza utilizando las técnicas mencionadas anteriormente para asegurarse de dejar un impacto medioambiental mínimo. Es importante cuidar el delicado equilibrio del ecosistema para garantizar que las generaciones futuras también puedan apreciarlo. Todo el mundo debería poner de su parte en la protección del medio ambiente.

Las actividades de Bushcraft profundizan su conexión con el mundo natural

La naturaleza es la mejor maestra. Aprender habilidades de bushcraft le permite conectar y desarrollar su relación con la naturaleza. Tiene un efecto curativo que aumenta la felicidad y el bienestar físico y emocional. Despierta su sentido de la paz. He aquí cómo la naturaleza tiene un impacto curativo en el ser humano:

Mejora su observación y conciencia

Su conciencia del entorno y su capacidad de observación aumentan con el bushcraft. Notará señales ambientales sutiles, como reconocer la vegetación comestible, rastrear la vida salvaje e identificar los cambios meteorológicos. El bushcraft mejorará su comprensión del mundo que le rodea y de su importancia en él.

Respeto por su entorno

Aprender bushcraft le ayuda a desarrollar un respeto más profundo por la naturaleza. Le capacita para confiar en los recursos naturales para satisfacer sus necesidades y desarrollar un sentido de responsabilidad y gratitud hacia el entorno que le proporciona estos recursos.

Atención y presencia

Los ejercicios de Bushcraft requieren que uno permanezca presente en el momento. Es importante practicar la atención plena para mantenerse seguro y prosperar en la naturaleza salvaje.

Conectar con el conocimiento tradicional

Muchas habilidades de bushcraft están profundamente arraigadas en los conocimientos indígenas transmitidos de generación en generación. Puede fortalecer su relación con el mundo natural y conectar con la sabiduría de sus antepasados practicando estas habilidades.

Importancia de la seguridad y el comportamiento responsable al aire libre

Debe ser responsable durante sus aventuras al aire libre. Sus acciones repercuten en usted mismo, en los demás y en el medio ambiente. He aquí algunas formas de mantenerse seguro y disfrutar al aire libre.

Prevención de lesiones y bienestar

Debe seguir las directrices de seguridad mientras aprende bushcraft u otras actividades al aire libre, como acampadas, senderismo y deportes acuáticos. Comportarse de forma responsable le ayudará a mantenerse seguro mientras se divierte. Manténgase hidratado y lleve ropa y equipo adecuados para mantener una buena salud.

Conservación del medio ambiente

Debe proteger el medio ambiente a toda costa y abstenerse de tirar basura, cometer actos vandálicos y tener un comportamiento imprudente, ya que puede provocar incendios incontrolados y dañar los ecosistemas y los hábitats naturales.

Consideraciones éticas

Respete a las personas que le rodean y adopte un comportamiento que no arruine la experiencia de los demás. Permita que otras personas conecten con la naturaleza sin distracciones. También debe tener en cuenta los lugares culturales e históricos y tratarlos con respeto.

Responsabilidad comunitaria y social

Prepárese para las emergencias y asegúrese de cumplir siempre los protocolos de seguridad. Además, haga todo lo posible por seguir la etiqueta de los senderos y evite masificar un lugar.

Cómo planificar la primera aventura Bushcraft

¿Quiere saber cómo planificar su primera aventura de bushcraft? Debe priorizar la comodidad, la seguridad y el disfrute. He aquí algunos consejos para planificar su aventura de bushcraft:

Elija un lugar seguro

Elija un lugar seguro, de fácil acceso y con un terreno manejable.

Compruebe la previsión meteorológica

Antes de salir a la aventura, empaquete ropa y equipo adecuado para hacer frente a condiciones meteorológicas inesperadas. Prepárese también para la lluvia.

Equipo apropiado

Necesita un saco de dormir, una mochila y ropa de su talla que le quede cómoda.

Refugio sencillo

Asegúrese de tener un refugio sencillo y estable que sea fácil de montar y que le proteja de otros elementos ambientales.

Comida y agua

Planifique sus comidas y tentempiés y asegúrese de que tiene todo lo necesario para preparar la comida que necesita. Asegúrese también de tener acceso a agua limpia.

Supervisión

Es aconsejable ir acompañado de un adulto responsable y con experiencia.

Habilidades básicas

Aprenda habilidades básicas de bushcraft apropiadas para su edad, como identificar plantas comestibles, encender hogueras y utilizar herramientas de navegación como la brújula.

Actividades divertidas

Participe en actividades divertidas como búsquedas del tesoro, cuentacuentos, deportes acuáticos, observación de las estrellas, etc., para mejorar su experiencia al aire libre.

Artículos de confort

Empaque su mantita, juguete o almohada favorita para sentirse mejor en la naturaleza.

Botiquín de primeros auxilios

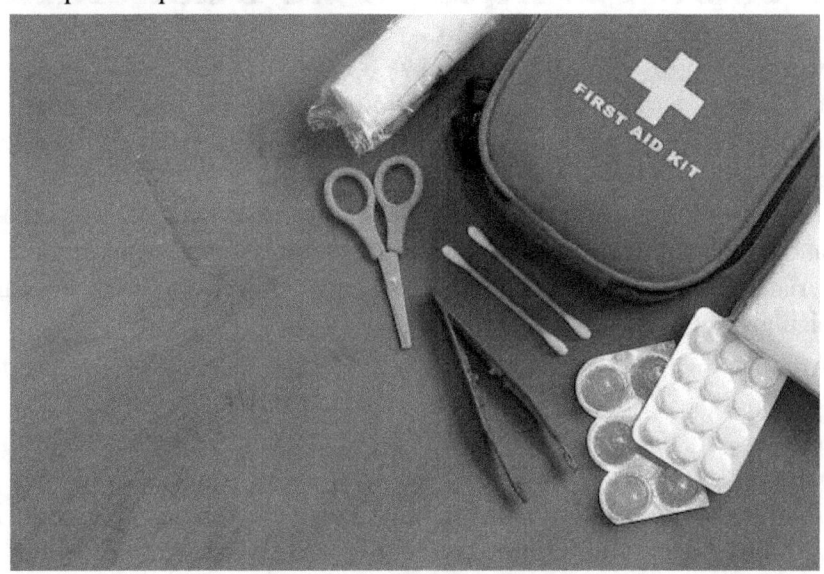

Asegúrese de tener acceso a un botiquín de primeros auxilios para hacer frente a lesiones o enfermedades

https://www.pexels.com/photo/first-aid-kit-on-gray-background-5673523/

Asegúrese de tener acceso a un botiquín de primeros auxilios para hacer frente a lesiones o enfermedades.

En esta sección, ha aprendido los fundamentos de la "bushcraft". Recuerde que mientras aprende estas habilidades esenciales para la supervivencia, debe cuidarse y estar preparado para las emergencias. Puede divertirse al máximo siendo responsable y adoptando comportamientos seguros mientras cuida del medio ambiente.

Sección 2: Equipo de Bushcraft

Llevar un equipo de bushcraft con usted en una aventura al aire libre es esencial por varias razones. En primer lugar, es una cuestión de supervivencia y seguridad. Un kit de bushcraft bien equipado contiene herramientas y equipos cruciales para mantenerle a salvo y seguro en la naturaleza. Ya sean herramientas de corte para diversas tareas, equipo para encender fuego para proporcionar calor y cocinar alimentos, o materiales para construir un refugio, estos artículos tienen un valor incalculable en situaciones difíciles.

Además, usted se vuelve más autosuficiente al aire libre, reduciendo su dependencia de la ayuda externa. Este nivel de preparación es necesario para las emergencias, en las que su kit puede significar la diferencia entre la comodidad y la dificultad. Más allá de la supervivencia, un kit de bushcraft le permite maximizar el uso de los recursos naturales. Con las herramientas y los conocimientos adecuados, puede adaptarse a su entorno, encontrando refugio, fuego y soluciones de sustento.

Asimismo, puede cocinar comidas calientes, mantenerse caliente y crear un lugar seguro para dormir, lo que es vital para los viajes prolongados. Tiene el doble propósito de proporcionar seguridad y contiene las herramientas necesarias para las exploraciones al aire libre.

En este capítulo, aprenderá sobre los componentes del equipo de bushcraft, incluidas las herramientas y el equipo necesarios para que sus aventuras al aire libre sean pan comido.

Refugio y sueño

Los refugios son un hogar improvisado al aire libre que se puede construir cuando se desea permanecer en un lugar para seguir explorando
https://www.pexels.com/photo/green-and-white-tents-near-trees-939723/

Los refugios son un hogar improvisado al aire libre que se puede construir cuando se desea permanecer en un lugar para seguir explorando. Los sacos de dormir, las tiendas de campaña y las lonas son algunos de los artículos estándar que se utilizan como refugio en la naturaleza. Le mantienen abrigado y seco cuando llueve y le protegen de los bichos o insectos errantes que podrían hacerle daño mientras duerme.

Tipos de refugios: Aunque existen refugios de diferentes formas y tamaños, las tiendas de campaña son las más factibles para una aventura familiar. Se trata de casas portátiles preparadas para que las utilice más de una persona. Las lonas también son populares, ya que estas mantas impermeables son compactas de transportar y pueden montarse al instante. También tiene la opción de un saco de vivac, que es un saco de dormir para el cuerpo. Estos sacos de dormir también son impermeables y están aislados para mantenerle seco y caliente. El tipo de refugio que elija dependerá de los días que vaya a vivir al aire libre, del número de personas que vayan y de las condiciones meteorológicas.

Cómo montar su refugio: No es difícil montar un refugio siempre que conozca los pasos adecuados a ejecutar.

1. Encuentre un lugar llano y despejado si va a montar una tienda de campaña.
2. Extienda la tienda y haga una huella como referencia.
3. Monte los postes de la tienda y colóquelos sobre la huella que hizo antes.
4. Fije el cuerpo de la tienda a la estructura de postes, y ya está todo hecho.

Aunque no le resultará difícil montar sacos de dormir o lonas, las tiendas de campaña pueden tener varias formas, y su procedimiento de montaje también puede variar. Si tiene problemas para montar la tienda, revise las instrucciones del manual de usuario de la tienda para comprenderlo mejor. Al igual que montó la tienda, puede desmontarla invirtiendo el orden de las instrucciones. Cuando haya terminado su viaje, compruebe que la tienda no esté dañada, límpiela y guárdela adecuadamente para poder utilizarla en su próxima aventura al aire libre.

Artículos esenciales para dormir

Su equipo de bushcraft debe contener artículos esenciales para dormir, como sacos de dormir, esterillas y mantas, para que se sienta más cómodo y protegido de las inclemencias del tiempo
https://www.pexels.com/photo/waterfall-seen-from-tent-15310519/

Además de los elementos esenciales para el refugio, su equipo de bushcraft debe contener elementos esenciales para dormir, como sacos de dormir, esterillas y mantas, que le mantendrán cómodo y protegido de las inclemencias del tiempo. Aunque hay varios artículos esenciales para dormir, lo mejor es elegir edredones y mantas aptos para viajar e incluso empacar hamacas cuando explore la naturaleza en verano.

Herramientas de corte

Los cuchillos son sus herramientas de confianza para cortar cosas durante sus aventuras de acampada. Siempre resultan útiles, desde hacer palitos de malvavisco hasta abrir paquetes enlatados. Asimismo, las hachas y sierras de acampada son excelentes para cortar leña y hacer hogueras. Sin embargo, debe utilizar estas herramientas con extrema precaución y bajo la supervisión de un miembro de la familia para garantizar la seguridad. Después de cada salida al aire libre, mantenga sus herramientas de corte limpias y afiladas, y guárdelas en perfecto estado para la próxima salida.

Un cuchillo bushcraft es fácil de manejar y utilizar para muchas tareas
Teejaybee, CC BY-NC-ND 2.0 DEED <https://creativecommons.org/licenses/by-nc-nd/2.0/>
https://www.flickr.com/photos/teejaybee/8591215307

Un cuchillo bushcraft no es el cuchillo doméstico habitual que se utiliza para cortar fruta en la cocina; está hecho de un material de hoja resistente y se presenta en muchas formas. Puede comprar un cuchillo bushcraft según su preferencia de tamaño y el diseño del mango. El cuchillo adecuado debe caber cómodamente en su mano, ser duradero y adaptarse a las tareas que vaya a realizar, como cortar, trinchar u otras necesidades al aire libre.

Equipo para hacer fuego

Estas herramientas se utilizan principalmente para crear cálidas hogueras, cocinar alimentos o incluso para hacer señales de socorro si necesita ayuda durante las escapadas. Hay una gran variedad de herramientas y materiales para encender fuego entre los que elegir. Éstos son algunos de los más comunes que puede añadir a su equipo de bushcraft.

Eslabón y pedernal: Antiguamente, el pedernal y el acero se golpeaban juntos para producir chispas y encender la yesca seca. Hoy en día, un eslabón moderno viene con una varilla de acero para generar chispas, lo que facilita el encendido del fuego. El eslabón también es mucho más fiable cuando se utiliza en condiciones climáticas extremas.

El eslabón y el pedernal hacen que encender un fuego sea superfácil

Francois Boulogne, CC BY-SA 3.0 <https://creativecommons.org/licenses/by-sa/3.0>, vía Wikimedia Commons https://commons.wikimedia.org/wiki/File:Firesteel_light_my_fire_army_model.jpg

Varillas de ferrocerio: Las varillas de ferrocerio, chispas calientes cuando se raspan con un objeto duro, como el lomo de un cuchillo. Son muy duraderas y funcionan en condiciones húmedas, lo que las convierte en una herramienta fiable para encender yesca seca en la naturaleza.

Cerillas y encendedores impermeables: Las cerillas impermeables tienen cabezas tratadas que resisten al agua y se encienden incluso cuando están húmedas, mientras que los encendedores producen una llama cuando se encienden. Son excelentes herramientas de reserva para encender fuego durante acampadas o emergencias. Sin embargo, debe mantener los encendedores secos para un uso fiable.

Yesca y combustible: La yesca y el combustible son los ingredientes únicos para la magia de su hoguera. Hacen que la madera prenda fuego rápidamente, como añadir palos y papel para que ardan con fuerza.

Recipientes e hidratación

Contenedores de agua: Tanto si quiere agua con electrolitos sobre la marcha como si prefiere beber agua sola, necesitará recipientes y botellas de agua. Le garantizan que se mantendrá hidratado al retener el agua para que tenga suficiente para beber durante las aventuras al aire libre.

Los contenedores de agua son importantes para mantenerse hidratado
https://www.peakpx.com/526025/blue-and-stainless-steel-thermal-carafe

Herramientas de purificación del agua: Puede añadir artilugios portátiles de purificación de agua al kit de bushcraft para asegurarse de que el agua que bebe está limpia y es segura. Las pastillas potabilizadoras, los filtros de agua para mochileros y los filtros de sedimentos portátiles pueden utilizarse para purificar el agua. Puede elegir un método viable en función de la aventura que esté planeando. A pesar de todos estos métodos, todavía puede optar por el método de la vieja escuela de hervir el agua antes de beberla si no lleva ningún artilugio o herramienta de purificación de agua.

Navegación y señalización

Las herramientas de navegación son sus guías en la naturaleza
https://www.pexels.com/photo/person-holding-a-compass-3832684/

Herramientas de navegación: Las herramientas de navegación son sus guías en la naturaleza salvaje. Incluyen mapas y brújulas que le ayudan a encontrar el camino cuando sale a explorar para no perderse.

Señalización y comunicación: Las herramientas de señalización y comunicación son su forma de enviar mensajes secretos a sus amigos o pedir ayuda si la necesita. Son como sus *walkie-talkies* de aventura y hacen señales para pedir ayuda cuando se encuentra en emocionantes aventuras.

Primeros auxilios y seguridad

Botiquines de primeros auxilios: Los botiquines de primeros auxilios son sus kits de superhéroe para cuando se haga un pequeño daño. Contienen tiritas, medicamentos y otras cosas que le ayudarán a sentirse mejor si se hace una pequeña herida durante la diversión al aire libre. Pueden incluir cremas para las picaduras de insectos.

Equipo de seguridad: El equipo de seguridad es como su traje de superhéroe aventurero. Incluye linternas frontales para iluminar su camino, spray para osos para mantener alejados a los animales y herramientas geniales para mantenerle seguro y hacer que sus experiencias al aire libre sean increíbles.

El equipo de seguridad, como una linterna frontal, le facilita caminar por el campamento de noche
https://www.wallpaperflare.com/man-standing-beside-camping-tent-wearing-headlamp-during-nighttime-man-using-headlamp-beside-cabin-tent-wallpaper-zmonu

Mochilas

Elegir la mochila adecuada: Elegir la mochila adecuada es como elegir la mochila del tamaño adecuado para el colegio. Es importante porque debe albergar cómodamente todo su equipo. Tenga en cuenta factores como el tamaño, la capacidad y las características en función de la duración y el tipo de viaje que vaya a realizar.

Cómo empaquetar su mochila de forma eficiente: Piense en empacar su mochila como si estuviera organizando su mochila escolar. Embalar de forma eficiente implica colocar los objetos más pesados más cerca de la espalda para que la carga esté bien equilibrada, utilizar los compartimentos de forma inteligente y mantener el equipo esencial fácilmente accesible. Esto garantiza una carga cómoda y bien equilibrada.

Ajustar y adaptar su mochila: Ajustar y adaptar su mochila es como llevar la mochila del colegio con las correas y los ajustes adecuados para que resulte cómoda. Las correas, los cinturones de cadera y las correas de los hombros deben ajustarse a su cuerpo para que la carga esté cómoda y bien distribuida, evitando molestias durante su viaje al aire libre.

Asegúrese de adquirir la mochila adecuada que sea fácil de llevar y en la que quepa todo lo que necesita

https://www.wallpaperflare.com/hiking-backpacks-on-grass-with-mountains-background-blue-and-red-camping-bag-on-green-grass-field-wallpaper-zhowh

Prendas esenciales

Vístase adecuadamente para la aventura cuando se encuentre en la naturaleza

https://www.pexels.com/photo/children-in-winter-clothes-sitting-inside-a-tent-reading-books-6482318/

Vístase adecuadamente para la aventura cuando se encuentre en la naturaleza. Debe tener en cuenta tres capas:

Capas base: Son pijamas acogedores para la vida al aire libre. Estas prendas son las más cercanas a su piel, diseñadas para mantenerle caliente y seco al evacuar el sudor. Actúan como aislantes en climas fríos, atrapando el calor cerca de su cuerpo. El algodón es una elección acertada.

Capas intermedias: Las capas intermedias son como su ropa habitual para el aire libre. Proporcionan aislamiento para mantenerle caliente pero también son transpirables, evitando que sude demasiado. Son capas adicionales para mantenerse abrigado.

Capas exteriores: Considere las capas exteriores como su capa de superhéroe. Le protegen de los elementos, como la lluvia, el viento y la nieve. Estas capas le mantienen seco y le protegen de las inclemencias del tiempo, asegurando que se mantenga cómodo en condiciones duras.

Gorros y guantes: Los gorros y los guantes son su armadura secreta, que le mantienen caliente y protegido contra el frío. Los gorros mantienen caliente su cabeza, y los guantes protegen sus manos. Son esenciales para su comodidad y evitan las congelaciones cuando hace frío.

Calzado

Botas de montaña vs. calzado de sendero: Las botas de montaña son los vehículos todoterreno más resistentes del calzado. Proporcionan una fuerte sujeción del tobillo y protección contra los senderos abruptos y las cargas pesadas. Las zapatillas de sendero o trail, sin embargo, son como zapatillas deportivas para el aire libre. Son más ligeras y flexibles, adecuadas para caminatas menos exigentes y movimientos más rápidos. Su elección dependerá del tipo de terreno y del peso que vaya a llevar.

Calcetines y polainas: Piense en los calcetines como en un acogedor acolchado para sus pies, mientras que las polainas son como protectores para las piernas. Los calcetines de buena calidad proporcionan comodidad y ayudan a prevenir las ampollas. Por el contrario, las polainas protegen sus piernas y botas de la suciedad, las piedras y la humedad, especialmente en condiciones escarpadas o húmedas.

Cuidado de los pies en la naturaleza: El cuidado de los pies es como cuidar de sus zapatos favoritos. Mantenga unos pies sanos controlando las ampollas, manteniendo los pies secos y eligiendo el calzado adecuado para disfrutar de una aventura al aire libre sin dolor.

Diez artículos esenciales para el equipo de Bushcraft

Estos artículos son cruciales para la seguridad y la supervivencia al aire libre. Cada artículo tiene un propósito específico para prepararle para diversas situaciones. He aquí los diez artículos esenciales y su importancia.

1. Navegación

Mapa: Un mapa topográfico detallado y actualizado de la zona que va a explorar.

Brújula: Una brújula fiable para la navegación, especialmente en zonas sin senderos claros ni señalización.

Necesita un mapa y una brújula para navegar
https://www.pexels.com/photo/compass-placed-on-a-world-map-8828681/

2. Aislante

Ropa extra: Capas que le ayuden a mantenerse caliente y seco, incluyendo un gorro y guantes.

3. Iluminación

Faro/linterna: Proporciona luz en condiciones de poca iluminación o en caso de emergencia.

4. Suministros de primeros auxilios

Botiquín de primeros auxilios: Trata lesiones y emergencias médicas en el campo.

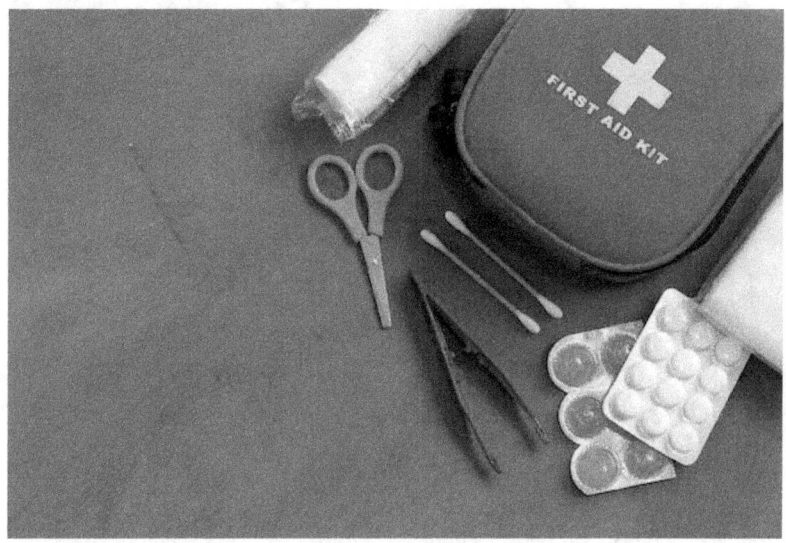

Un botiquín de primeros auxilios le ayudará en situaciones de emergencia
https://www.pexels.com/photo/first-aid-kit-on-gray-background-5673523/

5. Encendedor

Cerillas impermeables o encendedor: Fundamental para encender fuego en situaciones de emergencia, para calentarse, cocinar y hacer señales.

6. Herramientas y kits de reparación

Multiherramientas y kits de reparación: Útiles para reparar el equipo y otras tareas que puedan surgir durante su viaje.

7. Alimentación

Comida extra: Aperitivos no perecederos y de alto valor energético que puedan sostenerle si su viaje se prolonga más de lo previsto.

8. Hidratación

Agua y filtración/purificación: Necesita tener acceso a agua potable limpia y evitar las enfermedades transmitidas por el agua utilizando métodos de purificación del agua.

9. Refugio de emergencia

Manta o lona de emergencia: Proporciona refugio y protección contra los elementos en situaciones inesperadas.

Una lona es útil si empieza a llover o si necesita descansar
Joseph, CC BY-SA 2.0 DEED < https://creativecommons.org/licenses/by-sa/2.0/>
https://www.flickr.com/photos/umnak/14262748579

10. Protección solar

Protector solar, gafas de sol y un sombrero: Protéjase de las quemaduras solares y de la exposición a los rayos UV, especialmente en entornos de gran altitud o cubiertos de nieve.

Los diez elementos esenciales están diseñados para ayudarle a navegar, sobrevivir y mantenerse a salvo en la naturaleza. Recuerde personalizar su equipo en función de las condiciones y la ubicación específicas de su aventura al aire libre.

Equipo opcional para mayor comodidad y conveniencia

Si su viaje es corto y no va a explorar mucho, considere estos artículos para su comodidad:

- Silla de campamento
- Multiherramienta
- Cargador solar
- Repelente de insectos

- Almohada de campamento
- Utensilios de cocina
- Hornillo de campamento
- Calentador de agua portátil
- Ducha de campamento
- Cafetera portátil

Equipo de Bushcraft para temporadas específicas

Como ya se ha explicado, debe tener en cuenta varios factores a la hora de preparar su equipo. Además de sus necesidades personales, los factores que más influyen son el clima y el terreno. Aquí tiene algunos ejemplos de equipo de bushcraft para distintas estaciones, para que sepa qué artículos debe meter en la maleta. Recuerde que los artículos esenciales enumerados anteriormente ya están incluidos en el equipo, pero no se mencionan aquí.

Lista de equipo para bosques (primavera/verano)
- Ropa adicional ligera y con capas transpirables
- Repelente de insectos
- Sierra plegable o hacha pequeña (para trabajar la madera)
- Red para insectos

Lista de equipo para desiertos (otoño/invierno)
- Ropa que proteja del sol y capas para las noches frías
- Sombrero de ala ancha
- Protector solar extra y bálsamo labial
- Pañuelo o kufiya (para protegerse la cara del sol y el polvo)

Lista de equipo para montaña (invierno)

Conozca los retos y las condiciones específicas del entorno y de la estación en la que se va a aventurar

https://www.pexels.com/photo/snow-on-rocky-mountain-peak-19168467/

- Capas aislantes e impermeables
- Crampones y piolet (para condiciones de nieve o hielo)
- Gafas para la nieve
- Equipo de seguridad contra avalanchas (si se encuentra en zonas propensas a las avalanchas)
- Raquetas de nieve (para nieve profunda)

Conozca los retos y las condiciones específicas del entorno y de la estación en la que se va a aventurar. Personalice su lista de equipo en consecuencia y asegúrese de que dispone de las habilidades y conocimientos necesarios para utilizar cada artículo de forma eficaz en esas condiciones. Además, informe siempre a alguien de sus planes de viaje y de la hora prevista de regreso cuando se dirija a entornos más remotos o desafiantes.

Sección 3: Cordaje y nudos

Piense en construir un refugio en el bosque. Utilizará muchos materiales como ramas y hojas. Ahora, imagine que necesita pescar algo. Puede que necesite una red. Si no tiene mochila, ate sus pertenencias para transportarlas con más facilidad. Al agacharse y esquivar árboles o arbustos, parte de su ropa puede rasgarse, lo que tendrá que reparar, sobre todo si pasa largos periodos en la naturaleza. Desde su refugio hasta sus herramientas y sus trampas para animales, el cordaje es útil para muchas de sus necesidades de bushcraft. Por lo tanto, debe ser hábil en el uso y el atado de nudos de forma que pueda ayudarle con una amplia gama de problemas que surgen en la naturaleza.

Cordaje es una palabra elegante para cuerda o cordel
Ji-Elle, CC BY-SA 3.0 <https://creativecommons.org/licenses/by-sa/3.0>, vía Wikimedia Commons: https://commons.wikimedia.org/wiki/File:Cordage_en_chanvre.jpg

Cordaje es una palabra elegante para cuerda o cordel. Nombrar todos los usos del cordaje en la naturaleza es casi imposible porque, con la cuerda, solo le limita su imaginación. Sin embargo, resulta útil conocer algunos aspectos básicos cuando se está empezando. Llevar un papel de cordaje en el bolsillo puede resultarle útil en múltiples situaciones en las que normalmente no pensaría. Eche un vistazo por su casa y vea todos los lugares en los que se utilizan cuerdas, cordeles y cordajes. Ningún kit de supervivencia está completo sin ellos. Entonces, ¿qué ocurre si se olvida de llevar cuerda en un viaje al monte? Los verdaderos supervivientes utilizan el entorno a su favor. La cuerda en la naturaleza es abundante, con fuentes tanto vegetales como animales. La naturaleza le proporciona todo lo que necesita. Esta sección le enseñará cómo utilizar el cordaje de diferentes formas y cómo identificar los materiales de cordaje en la naturaleza salvaje.

El cordaje y sus múltiples formas

El cordaje puede adoptar muchas formas, incluyendo materiales naturales y sintéticos. Su cordaje puede ser una cuerda o sedal bien empaquetado que haya traído consigo al viaje o algo que haya fabricado a partir de otros objetos que lleve encima, dependiendo de lo innovador y creativo que sea. Históricamente, el cordaje fue uno de los primeros saltos tecnológicos significativos de los pueblos de la Edad de Piedra. La invención del cordaje en diferentes formas ayudó a los cazadores-recolectores a viajar con mayor facilidad, cazar con más eficacia y, más adelante, a construir sistemas para regar los cultivos y construir embarcaciones para navegar. El uso del cordaje solo está limitado por su pericia y su imaginación. Por lo tanto, comprender los fundamentos del uso del cordaje podría transformar su forma de pensar sobre la supervivencia al descubrir constantemente nuevas formas de utilizarlo.

Fuentes naturales de material para cordaje

El propósito del bushcraft es saber cómo sobrevivir en la naturaleza salvaje con un acceso limitado a los recursos. Tanto si se ve abocado a la fuerza a una situación de supervivencia como si pierde la cuerda en una acampada, saber cómo fabricar cordaje a partir de material natural es una habilidad especializada que puede salvarle la vida. Para el ojo entrenado y las manos hábiles, la naturaleza es un almacén general. Para que los materiales vegetales o animales sean adecuados para la cordelería, deben cumplir algunas condiciones; a saber, deben ser fuertes, flexibles y fáciles de atar. No todos los organismos del bosque cumplen estos criterios, y la zona geográfica en la que se encuentre también tiene sus condiciones únicas que afectarán al cordaje que pueda aprovechar. Por lo tanto, necesita conocer algunos principios básicos. Dominar el monte consiste en saber qué buscar y cómo convertirlo en exactamente lo que necesita.

Fibras vegetales

Muchas plantas pueden utilizarse para cordaje siempre que sus fibras sean fuertes y flexibles. En primer lugar, debe estar seguro de que una planta o un árbol no son tóxicos cuando los manipula. Por eso, cualquier superviviente debe informarse sobre las distintas especies de plantas de las zonas que explora. Una de las formas más fáciles de obtener cordaje de las plantas es encontrar un árbol con un poco de corteza seca que pueda arrancar fácilmente. Debajo de la corteza, encontrará una capa de cambium fibroso, el material blando y fibroso de la superficie del árbol, y la parte posterior de la corteza. Notará que el cambium fibroso forma hilos cuando arranque la corteza seca. También tiene la opción de arrancar la corteza húmeda y dejarla secar al sol. Tenga en cuenta que puede dañar los árboles y matarlos, así que asegúrese de no cortar demasiado profundamente en el tronco. Algunas hojas también son adecuadas para cordelería. La clave está en encontrar materiales largos y fibrosos que pueda manipular, doblar y atar.

Tendones de animales

A diferencia del cordaje vegetal, que puede utilizarse prácticamente de inmediato, el tendón animal requiere cierto procesamiento. La cultura tradicional utilizaba animales de caza mayor como el alce o el ciervo de los que extraer el tendón. Los largos tendones de las patas de estas bestias gigantes son la mejor parte para utilizar como cordaje.

Primero tendrá que cortar con cuidado los tendones de las patas con un cuchillo afilado. Lo mejor es que alguien experto y con conocimientos le ayude con esto.

A continuación, deberá limpiar todo el exceso de carne y grasa. Una vez limpios los tendones, deberá secarlos durante unos días. Una vez que haya eliminado toda la humedad del tendón, golpéelo con un martillo hasta que se alise. Este golpeteo aumenta la resistencia y la flexibilidad del tendón. Por último, deberá retorcer las hebras de tendón y estirarlas para que sean útiles para aplicaciones en la naturaleza.

Opciones de cordaje comercial

La mayoría de las veces, no se encontrará en el monte debido a un desafortunado accidente o acontecimiento de supervivencia. Por lo tanto, podrá llevar encima el cordaje de su elección. A la hora de elegir qué tipos de cordaje o cuerdas va a utilizar, debe tener en cuenta lo adaptables que son en diversas situaciones, lo pesadas que son porque las llevará encima y lo fuerte y flexible que es la cuerda. Las opciones de cordaje preferidas con más frecuencia para el bushcraft son el nailon y la cuerda paracord. Los científicos siempre están desarrollando materiales resistentes y ligeros, por lo que siempre hay nuevas variedades de cordaje para el aire libre que puede probar en las tiendas especializadas en acampada. Cada uno de estos materiales tiene sus ventajas y desventajas, por lo que debe averiguar qué es lo que mejor se adapta a sus objetivos.

Cuerda Paracord

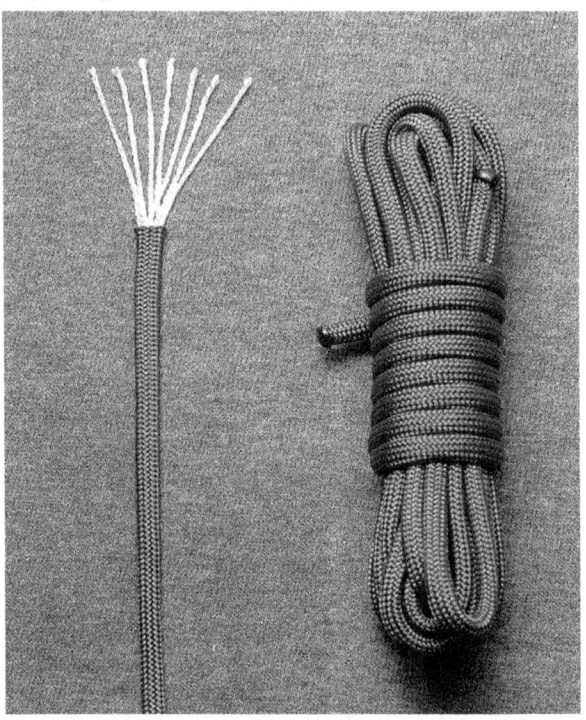

La cuerda paracord es un tipo de cuerda *kernmantle*, lo que significa que tiene un interior envuelto en tejido

David J. Fred, CC BY-SA 2.5 <https://creativecommons.org/licenses/by-sa/2.5>, vía Wikimedia Commons: https://commons.wikimedia.org/wiki/File:Paracord-Commercial-Type-III.jpg

La cuerda paracord es un tipo de cuerda kernmantle, lo que significa que tiene un interior envuelto en telas tejidas. Al igual que el nailon, el paracord es resistente y mantiene bastante bien su forma con el paso del tiempo. Una de las ventajas de la cuerda paracord es que no retiene la humedad como el nailon, por lo que no desarrollará moho ni hongos en ambientes húmedos. La cuerda paracord es relativamente barato en comparación con otros materiales de cuerda con una resistencia similar. El inconveniente de utilizar cuerda paracord es que puede enredarse, lo que supone un problema para alguien con poco espacio en una mochila en la naturaleza y que viaja constantemente. Además, el paracord suele venir en tramos largos, lo que podría dificultar aún más su almacenamiento.

Nailon

La cuerda de nailon es la cuerda sintética más resistente del mercado
Angelsharum, CC BY-SA 3.0 <https://creativecommons.org/licenses/by-sa/3.0>, vía Wikimedia Commons: https://commons.wikimedia.org/wiki/File:Nylon_Rope.JPG

La cuerda de nailon es la cuerda sintética más resistente del mercado, y su flexibilidad hace que la cuerda absorba los golpes, lo que significa que si algo estuviera atado a la cuerda y esta se cayera, se reducen las posibilidades de que sufra daños. El nailon vuelve a su tamaño original después de haber sido estirado y no se rompe con facilidad. Además, su durabilidad y flexibilidad permiten utilizarla en muchas situaciones difíciles con las que puede encontrarse al aire libre. Los contras de utilizar cuerda de nailon son que absorbe mucha agua, lo que debilita la cuerda y encoge el material cuando se moja, por lo que probablemente no sea ideal para entornos húmedos como los bosques.

Nudos fundamentales

Tener algunos conocimientos sobre nudos que pueda recordar rápidamente le convertirá en una estrella brillante en el monte. Se sorprenderá de la frecuencia con la que se verá obligado a atar objetos en la naturaleza. Su eficacia en el bosque aumenta considerablemente cuando sabe utilizar su cordaje correctamente. Hacer nudos a mano alzada puede ser peligrosamente ineficaz y tener resultados desastrosos. Por lo tanto, debe estar instruido sobre cómo utilizar bien su cuerda, cordel y cualquier otro tipo de cordaje.

Nudo cuadrado

El nudo cuadrado se utiliza para atar una cuerda a un objeto. En un escenario de naturaleza salvaje, un nudo cuadrado puede amarrar bultos, haciendo que objetos como ramas sean más fáciles de transportar. En algunos casos, los nudos cuadrados se atan alrededor de heridas abiertas para detener hemorragias. Por lo tanto, este asombroso nudo puede utilizarse de numerosas maneras.

1. Para hacer un nudo cuadrado, comience pasando un extremo de una cuerda o cordel sobre otro.
2. A continuación, tome el mismo extremo y páselo por debajo del otro extremo de la cuerda.
3. Repita el movimiento de cruce que hizo con las dos secciones restantes de cuerda.
4. Tire de ambos extremos para apretar el nudo. Puede repetir el proceso, haciendo varios nudos uno encima de otro para mayor seguridad.

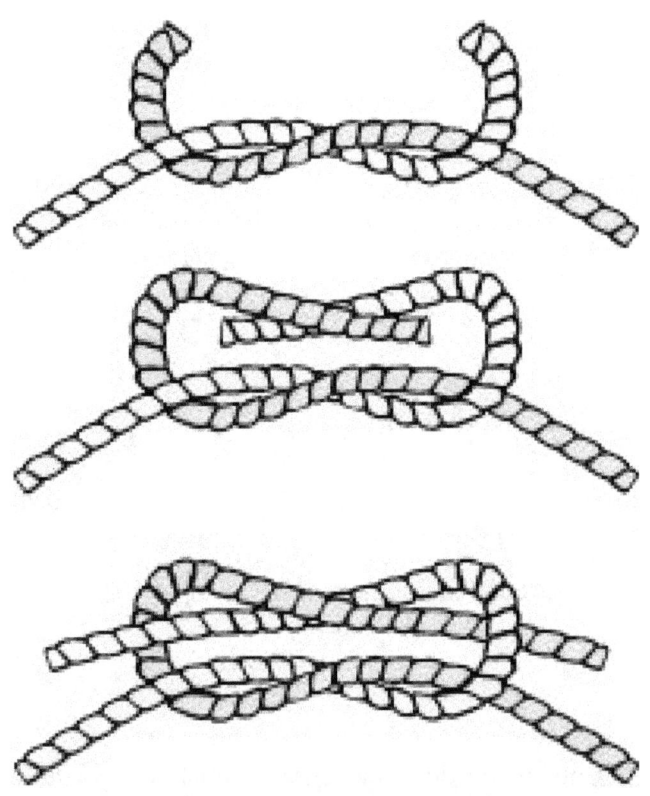

El nudo cuadrado se utiliza para atar una cuerda a un objeto
https://commons.wikimedia.org/wiki/File:Knot_square.jpg

Este es uno de los nudos más básicos para atar, y muchas personas lo aprendieron cuando empezaron a atarse los cordones de los zapatos.

Cuerda de bolina

El nudo de bolina se utiliza para asegurar una cuerda a un objeto en pie, como un árbol o un poste. En el monte, este nudo puede atar un refugio o las pertenencias que no quiera perder.

1. Para el primer paso de atar una bolina, debe crear un bucle en su cordaje.
2. A continuación, agarre el extremo de la cuerda y páselo por debajo del lazo antes de tirar de él a través del centro del agujero que ha creado.
3. Ahora, enrolle el extremo de la cuerda que ha pasado por el lazo alrededor de la sección parada del cordaje.
4. A continuación, vuelva a pasar la cuerda por el bucle que ha creado y tire para tensarla.

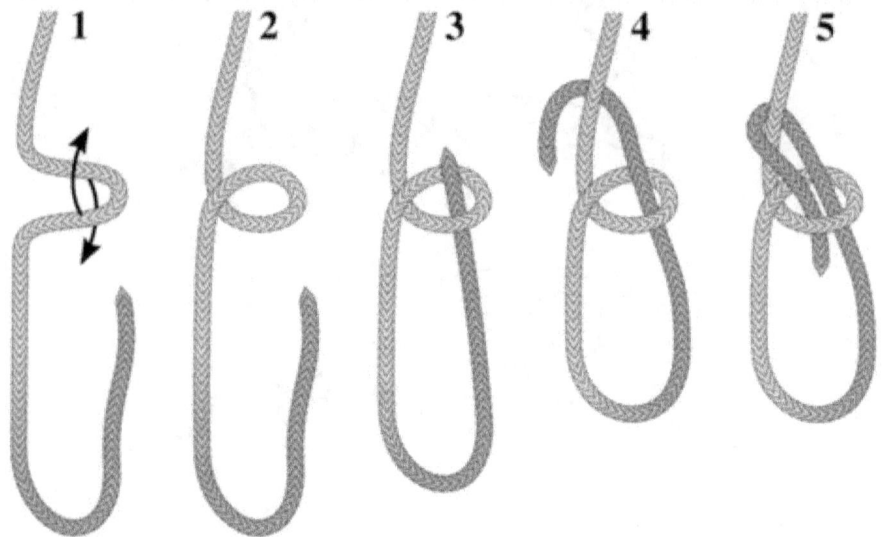

El nudo de bolina se utiliza para asegurar una cuerda a un objeto en pie, como un árbol o un poste

Buz11, CC BY-SA 4.0 <https://creativecommons.org/licenses/by-sa/4.0>, vía Wikimedia Commons: https://commons.wikimedia.org/wiki/File:Bowline_tying.png

Nudo de línea tensa

El nudo de enganche de línea tensa es un nudo corredizo muy útil para asegurar o transportar objetos. La belleza de este nudo es que se aprieta bajo carga y se puede deslizar fácilmente para soltarlo, lo que lo hace adaptable a múltiples aplicaciones.

1. Empiece enrollando una cuerda alrededor del objeto, como el asa de un cubo o un poste.
2. Coja el extremo de la cuerda y haga otro bucle alrededor de la línea de sujeción. El bucle debe hacerse trabajando hacia el poste alrededor del cual está su cuerda.
3. Ahora, haga otro lazo alrededor de la línea estacionaria por fuera del lazo que había hecho anteriormente.
4. Después de apretar el nudo, podrá hacer el bucle en el extremo de la cuerda más grande o más pequeño deslizando el nudo hacia delante y hacia atrás.

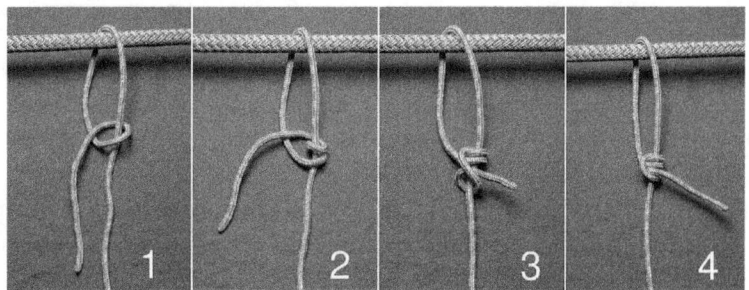

El nudo de enganche de línea tensa es un nudo corredizo muy útil para asegurar o transportar objetos

David J. Fred, CC BY-SA 2.5 <https://creativecommons.org/licenses/by-sa/2.5>, vía Wikimedia Commons: https://commons.wikimedia.org/wiki/File:TautlineHitch-ABOK-1800.jpg

Nudo de clavo

Los nudos de enganche de clavo se utilizan para asegurar una cuerda a un poste horizontal, un palo o una rama. Este nudo es estupendo para suspender objetos de valor como ollas o comida fuera del alcance de diversos animales en el bosque. El nudo también se ha utilizado para la escalada y la navegación. Sin embargo, tenga en cuenta que un nudo de clavo puede aflojarse cuando se enfrenta a una tensión suficiente, por lo que es mejor utilizarlo en combinación con otros nudos.

- Enrolle su cuerda alrededor de un poste o palo horizontal para hacer un nudo de clavo.
- A continuación, cruce el extremo de su cuerda sobre la sección ya enrollada alrededor del palo.
- A continuación, pase el extremo de la cuerda por debajo del segundo bucle que ha hecho y tire para tensarlo.

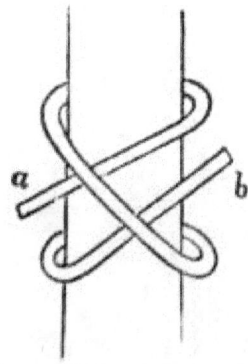

Los nudos de trinquete se utilizan para asegurar una cuerda a un poste horizontal, un palo o una rama

https://commons.wikimedia.org/wiki/File:EB1911_-_Knot_-_Fig._13_-_Clove_Hitch.jpg

Elegir el nudo adecuado

El nudo que elija dependerá de lo que intente conseguir atando su cuerda de cordel. Pregúntese si necesita un nudo de cuerda que soporte mucho peso o un nudo ajustable. Otras preguntas que puede hacerse son: ¿le bastará con un nudo sencillo o necesita un nudo que pueda aflojarse fácilmente? Analizando sus objetivos y explorando después los nudos que ha aprendido, podrá hacer coincidir el nudo exacto que necesita con la tarea que desea completar.

Consejos, trucos y errores comunes

Algunos errores comunes al utilizar cordaje son no comprobar dos veces sus nudos y utilizar el tipo de cuerda equivocado. Diferentes tipos de cuerda son inadecuados para determinadas condiciones, y algunos nudos son incompatibles con algunos materiales. Por lo tanto, asegúrese de que utiliza el material adecuado emparejado con los nudos correctos mientras comprueba cuidadosamente dos o incluso tres veces sus nudos para evitar accidentes. El mayor consejo que se puede dar con respecto al cordaje es asegurarse de que es duradero y flexible a la vez para que se pueda utilizar para múltiples aplicaciones en la naturaleza. Pregunte en una tienda de artículos de acampada, ya que a menudo su personal sabe muy bien qué cuerdas utilizar.

Sección 4: Refugios Bushcraft

Sus necesidades más básicas son comida, aire, agua, ropa y refugio. Si alguna vez se encuentra en una situación de supervivencia en la naturaleza, el refugio es una de las primeras necesidades de las que debe ocuparse. Construir un refugio eficaz debe ser lo primero en su lista de prioridades. En algunas circunstancias, puede pensar que encender un fuego debe ser su primera prioridad. Sin embargo, en algunas emergencias, lo primero que debe hacer es construir un refugio. La mayoría de la gente se lleva una tienda de campaña cuando sale a la naturaleza para recrearse. Sin embargo, para ser un hábil superviviente, no puede confiar en refugios comprados en tiendas porque nunca se sabe cuándo no tendrá acceso a uno.

Tiene que tener un refugio adecuado cuando esté al aire libre
https://www.pickpik.com/tent-shelter-homeless-hut-cover-tarp-rectangular-117012

Diferentes entornos necesitan diferentes refugios. Para ser adaptable en todas las situaciones, tiene que ser consciente de las múltiples técnicas de construcción y de los muchos tipos de opciones de estructuras que tiene. Cada ecosistema tiene una personalidad única que responde a las acciones que usted emprende. No puede hacer lo mismo en la selva tropical que en la nieve de Siberia. Utilizar lo que está disponible es la clave de la supervivencia. Por lo tanto, debe aprender a ver el mundo que le rodea como una ferretería "natural" que puede utilizar para encontrar materias primas. Ajustando su forma de pensar sobre la naturaleza, descubrirá que todo lo que necesita está al alcance de su mano.

Por qué es importante el refugio

Hay muchas razones por las que el refugio suele ser lo primero de la lista que hay que solucionar para sobrevivir. En primer lugar, necesita protegerse de los elementos, el sol, la lluvia y el viento. En segundo lugar, especialmente por la noche, debe encontrar una forma de mantener su temperatura corporal. La temperatura corporal normal de una persona es de 98,6 F. Si su temperatura desciende por debajo de 95 F, está sufriendo hipotermia, lo que significa que su temperatura corporal es demasiado baja y está en peligro. Por lo tanto, mantenerse caliente está estrechamente ligado a mantenerse vivo.

Un refugio elevado, especialmente en la selva, puede protegerle de las serpientes y los insectos del suelo. Por lo tanto, un refugio no es solo para calentarse, sino que también es extremadamente importante para su seguridad. Además, tener un cierto nivel de confort le permite dormir mejor. La falta de sueño afecta a su mente, por lo que no será tan agudo y sus respuestas serán mucho más lentas. En la naturaleza salvaje, necesita claridad mental para tomar buenas decisiones que aumenten sus probabilidades de supervivencia.

Un refugio también puede ayudarle a esconderse de los depredadores. Construir un refugio discreto que se mimetice con su entorno podría ayudarle a evitar llamar la atención de cualquier animal que pudiera hacerle daño. Aunque camuflar su refugio no le mantendrá seguro al cien por cien, le da una ventaja que podría inclinar a su favor las probabilidades de escapar a un ataque. Si se encuentra en una zona peligrosa donde merodean los depredadores, su mejor opción es permanecer oculto.

Su campamento es el centro de su supervivencia al que volverá regularmente para comer y dormir. Su refugio es el hogar en la naturaleza que utilizará como lugar donde mantener el fuego encendido para cocinar y hervir agua, así como un lugar donde almacenar los materiales de supervivencia que tanto necesita. Necesita un lugar donde reagruparse y al que volver para poder mantener la cordura en la naturaleza. Su refugio le proporciona tranquilidad para que pueda mantener la calma y operar a su máximo nivel. Por lo tanto, cuando esté en el monte, debe trabajar a partir de la construcción de un refugio y después atender a sus otras necesidades. La construcción de refugios es una actividad que requiere mucha energía, por lo que probablemente querrá quitársela de encima lo antes posible.

Principios clave de la construcción de refugios

Puede que esté mirando su refugio ingeniosamente construido con materiales naturales y dándose una palmadita en la espalda por un trabajo bien hecho, pero hay algunas casillas que debe marcar antes de intentar utilizar su refugio. Un refugio con goteras y frío puede ser mejor que nada. Aun así, puede aumentar exponencialmente su comodidad y seguridad asegurándose de que su refugio es resistente al viento, impermeable y está aislado para mantenerle caliente. Además, también querrá tomar medidas para mantener alejados el mayor número posible de bichos y arañas.

Aislamiento

Aislar significa mantener el calor mientras hace frío fuera. Incluso en las regiones más templadas, las temperaturas pueden descender rápidamente por la noche. El frío puede ser una sentencia de muerte, por lo que el aislamiento debe tomarse en serio. Corteza, hojas, virutas de madera y plantas pueden colocarse en capas estratégicas para mantener el frío fuera. No duerma directamente en el suelo; es una forma rápida de perder calor. Utilice un suelo de madera hecho con ramas, y coloque capas de hojas y ramas en la parte inferior y superior para mantenerle elevado del suelo. El material aislante debe cubrir todos los huecos de la estructura para que el calor de su respiración y de su cuerpo se mantenga en el refugio mientras el aire frío del exterior se mantiene fuera. Utilice lo que tenga disponible, así que mantas, sacos de dormir, cojines, ropa e incluso periódicos pueden servir para aislarse.

Impermeabilización

No hay muchas cosas en el planeta tan malas como que el frío y la humedad le impidan dormir. Tanto si se trata del rocío a primera hora de la mañana como de la lluvia torrencial en un bosque, impermeabilizar su refugio le mantendrá caliente y cómodo. La impermeabilización sigue un esquema similar al aislamiento porque ambos utilizan materiales parecidos. Colocar estratégicamente su campamento donde no se acumule el agua es el primer paso para impermeabilizar su refugio. A continuación, querrá materiales que pueda colocar en capas y entrelazar para poder cerrar los huecos del armazón de madera de su refugio. El musgo y las agujas de pino son estupendos para impermeabilizar, sobre todo en lugares fríos donde nieva a menudo. También puede utilizar hierba, juncos y hojas para impedir que entre el agua. A veces, no todo sale según lo planeado, así que tenga cerca algún material extra para remendar su refugio cuando sea necesario y lleve una lona en su equipo.

Tener una tienda impermeable mantendrá la lluvia a raya y podrá tener un sueño reparador
GabeD, CC BY-NC-ND 2.0 DEED< https://creativecommons.org/licenses/by-nc-nd/2.0/>
https://www.flickr.com/photos/augustuspics/7043841387

Protección contra el viento

La protección contra el viento trabaja mano a mano con el aislamiento y la impermeabilización. De nuevo, los materiales que elija para protegerse del viento deben rellenar todas las aberturas de su refugio. Un consejo para protegerse del viento es mantener pequeña la entrada a su refugio porque así entrará menos aire. Otro truco útil que debe recordar es utilizar cuerdas para atar su material aislante para que el viento no se lo lleve. Todo en su refugio debe ser sólido para que el tiempo no destruya la estructura. Utilice el entorno a su favor y construya cerca de una formación rocosa o entre árboles para que su hábitat le ayude a bloquear el fuerte viento.

Refugios naturales

A veces, es más fácil encontrar un refugio que construirlo. Se trata de trabajar de forma inteligente -no dura- en el monte. Utilizar lo que ya está disponible es la clave que todo el que tenga conocimientos de supervivencia debe comprender perfectamente. Mire a su alrededor y vea qué puede utilizar en su beneficio. Sea creativo y piense con originalidad. Cuando encuentre refugios naturales, debe estar alerta porque puede que ya haya un animal o un insecto dueño de ese refugio. Sus sentidos deben estar siempre en alerta máxima porque la naturaleza puede ser implacable. Estar en la naturaleza es divertido, pero su seguridad debe ser siempre su primera preocupación. Busque un lugar seco que le proteja del viento y donde pueda hacer fuego para mantener alejados a los depredadores. Asegúrese de limpiar la estructura antes de utilizarla porque puede haber bichos indeseados buscando entrar por grietas y agujeros.

Puede encontrar refugio en la naturaleza para mantenerse a salvo
https://www.wallpaperflare.com/photo-of-gray-cave-nature-landscape-shelter-hiding-place-wallpaper-wffwt

A continuación encontrará una lista de refugios naturales que puede utilizar para ahorrar tiempo y energía. Esté atento a las siguientes estructuras naturales:

- Cuevas
- Formaciones rocosas
- Árboles huecos
- Árboles caídos
- Arbustos o matorrales espesos
- Acantilados
- Árboles de hoja perenne
- Formaciones terrestres bajas
- Voladizos

Construir un refugio

Ahora que comprende los principios y la importancia de construir un refugio, necesita algunos consejos prácticos e ideas sobre cómo puede proceder para construir el mejor refugio en cualquier situación. Los refugios para la naturaleza son fáciles de construir, requieren poco esfuerzo y utilizan materiales que se encuentran fácilmente a su alrededor. No necesita nada lujoso; solo tiene que ser funcional. Recuerde que cuando pasa tiempo en la naturaleza, debe dejar las cosas como las encontró, así que limpie siempre su campamento antes de marcharse para respetar a las plantas y los animales que le reciben como a su invitado.

Refugio Inclinado

Una estructura tipo "lean-to" es sencilla de construir y puede colocarse en varios lugares
https://commons.wikimedia.org/wiki/File:Field-expedient_lean-to_and_fire_reflector.jpg

Una estructura inclinada es sencilla de construir y puede utilizarse en varios lugares.

- En primer lugar, debe encontrar una pared rocosa o dos árboles fuertes que estén juntos.
- Si utiliza una pared rocosa, busque ramas rectas del mismo tamaño y apóyelas contra la superficie dura.
- A continuación, ate palos más pequeños horizontalmente a través de los palos que ha apoyado verticalmente contra la pared rocosa.
- Por último, rellene los huecos con aislantes como hojas o musgo.
- Si utiliza dos árboles, hay un paso adicional. Debe asegurar una rama larga horizontalmente entre los dos árboles. Puede repetir los mismos pasos que para una pared rocosa colocando palos del suelo contra el palo que asegure más o menos a la altura de su cintura.
- A continuación, rellene los huecos con hojas y vegetación para proporcionar aislamiento.
- No olvide aislar también el suelo.

Refugio Marco en A

Este refugio es un poco más complicado que el inclinado, pero tiene la ventaja añadida de camuflar bien el refugio y tener un poco más de aislamiento para los ambientes más fríos.

- Busque una rama gruesa y fuerte para utilizarla como pértiga. Apoye esta rama contra un árbol fuerte y átela con un poco de cuerda.
- A continuación, recoja más ramas que apoyará en el poste central que creó con la primera rama. Asegúrese de que los palos están en ángulo para estabilizarlos firmemente y átelos al suelo.
- Recoja restos como hojas, ramas de pino o musgo para aislar su refugio. Métase a gatas en el refugio y acumule más escombros en la entrada para sellar su interior de forma cómoda y confortable.

Refugios de lona

Un refugio de lona es una de las estructuras más fáciles de construir
Jomegat, CC BY-SA 3.0 <https://creativecommons.org/licenses/by-sa/3.0>, vía Wikimedia Commons: https://commons.wikimedia.org/wiki/File:Pole_tarp_and_rope_shelter_4855.JPG

Un refugio de lona es una de las estructuras más fáciles de construir. Llevar una lona consigo en la naturaleza puede ser útil para refugiarse y recoger agua. Las lonas son más impermeables y cálidas que los refugios, ya que utilizan restos como palos y hojas para aislar. Por lo tanto, una lona es una herramienta de supervivencia asombrosa.

- Empiece por colocar la lona plana en el suelo y asegure las esquinas con piedras pesadas.
- Busque un palo fuerte y colóquelo en posición vertical en el centro de su lona. Puede cavar un agujero para el palo para asegurarlo mejor.
- Por último, aísle el suelo con madera y ramas para evitar que su cuerpo absorba el frío del suelo.

Refugio de emergencia con recursos limitados

No siempre encontrará todo lo que necesita para su refugio, por lo que deberá utilizar lo que tenga a mano. Todos los refugios descritos anteriormente pueden crearse con recursos limitados. Siéntase libre de ser creativo. Puede utilizar los materiales que tenga a mano para crear un refugio. La contaminación a veces proporciona materiales útiles como plástico o papel que pueden utilizarse como armazón o aislante en un refugio. Una lona o un impermeable también pueden reutilizarse como impermeabilizantes. Las situaciones de supervivencia en la naturaleza y de emergencia exigen que utilice en su beneficio cualquier cosa que tenga a mano. Solo tiene que mirar sus recursos con ojos de ingeniero.

Elegir el mejor campamento

Elegir un buen lugar de acampada para construir una estructura es la mitad del trabajo. Hay que tener en cuenta algunas consideraciones a la hora de encontrar el lugar perfecto. En primer lugar, asegúrese de que se encuentra al menos a 200 metros de cualquier fuente de agua para evitar inundaciones. Compruebe el drenaje del camping para asegurarse de que el agua fluye bien y no se acumula en ese lugar. Intente encontrar una superficie sólida como grava o suelo duro. Querrá un camping con un mínimo de plagas y alejado de cualquier hogar de animales. Mire a su alrededor para asegurarse de que no hay rocas o árboles que puedan caerle encima. El mejor lugar para acampar es donde esté seco y con cierta protección contra el viento. Si se encuentra en una zona donde hace mucho calor, encontrar un lugar con sombra también puede ser útil.

Sección 5: Fogatas

Tener la habilidad de encender un fuego es algo que todo el mundo debería aprender. No solo es útil para encender una hoguera. Se puede utilizar de muchas maneras diferentes. Imagínese que está en la naturaleza y la noche se vuelve oscura y aterradora. Es entonces cuando un fuego puede ser su mejor amigo.

Es como un cálido abrazo de la Madre Naturaleza, que le mantiene calentito cuando fuera hace frío

Photo by Kirk Thornton: https://www.pexels.com/photo/stars-at-alabama-hills-14213402/

En primer lugar, un fuego puede mantenerle seguro y acogedor. Es como un cálido abrazo de la madre naturaleza, que le mantiene caliente cuando fuera hace frío. Además, el crepitar de las llamas puede ahuyentar a cualquier animal salvaje curioso que esté pensando en visitar su campamento.

Pero eso no es todo. Un fuego también puede ser un mensaje secreto para sus amigos o rescatadores en la oscuridad. Si necesita ayuda, una hoguera encendida envía un faro diciendo: "¡Estoy aquí, ven a buscarme!". Así que, en algunas situaciones, un fuego puede literalmente salvarle la vida.

Sin embargo, encender un fuego es más difícil de lo que parece. Necesita tres cosas para funcionar: aire, calor y combustible. Sin embargo, aquí está la parte complicada. Es bastante difícil conseguir que todas esas cosas cooperen en un día lluvioso, y si esta¡ cansado y un poco asustado, se hace aún más difícil.

Imagínese utilizar un montón de cerillas y seguir siendo incapaz de encender un fuego. ¿Qué haría entonces? Esa es la aventura de hacer fuego. A veces es fácil y a veces es un verdadero desafío, pero una vez que lo domine, ¡se sentirá como un experto en la naturaleza!

Preparar la zona del fuego

Preparar su zona de fuego es importante para garantizar una hoguera exitosa y segura.

1. Elegir el lugar adecuado

En primer lugar, debe elegir un lugar que ya sea seguro para hacer una hoguera. Busque lugares como la cima de una gran roca o una zona arenosa. Lo mejor es encontrar un lugar protegido del viento. Si puede, busque una roca grande o un peñasco detrás del cual pueda colocar su zona de fuego. De este modo, una mayor parte del calor del fuego rebotará para mantenerle caliente.

2. Despeje el camino

Para ser inteligente y seguro, despeje un círculo de al menos 3 metros de ancho para su zona de fuego. Eso significa retirar cualquier cosa que pueda prenderse fuego con facilidad, como hojas, hierba y agujas de pino. Esto evitará que el fuego se propague por donde usted no quiere. Cave un agujero poco profundo en el suelo para crear un pozo de fuego si puede. Esto hará que su fuego sea más seguro y más fácil de encender cuando haya brisa. Si cavar un hoyo no es una opción, puede hacer un anillo de rocas alrededor de su zona de fuego. Estas rocas ayudarán a contener las llamas y se mantendrán calientes incluso después de que el fuego se apague.

3. Situaciones de nieve

Si se encuentra en una zona nevada, no puede simplemente colocar una hoguera encima de la nieve. Tendrá que crear una base sólida para su fuego. Reúna troncos o palos grandes para hacer una cubierta. De esta forma, su fuego no se fundirá con la nieve.

Necesita tener una buena base para encender un fuego en la nieve
https://www.wallpaperflare.com/burning-wood-surrounded-with-snow-camp-fire-winter-outdoor-wallpaper-whkdx

Materiales para su hoguera

Una vez preparado su lugar, es hora de reunir los materiales que necesita para su hoguera. Para mantener un fuego fuerte toda la noche, necesitará más madera de la que podría pensar. Necesitará tres tipos principales de madera: yesca, leña y troncos.

- **Yesca:** Es lo que enciende primero para iniciar el fuego. Tiene que estar muy seca y ser fácil de prender. Cuanto más seca esté la yesca, mejor funcionará. Puede utilizar cosas como hojas secas, papel o incluso materiales especiales para encender fuego que pueda tener.

- **Astillas:** Son palos finos y ramas pequeñas que usted alimenta al fuego para ayudarlo a crecer. Son como el aperitivo de su fuego, preparándolo para los troncos grandes. Asegúrese también de que sus astillas estén secas.
- **Troncos:** ¡El evento principal! Estos trozos de madera más grandes mantienen su fuego ardiendo de forma constante. Proporcionan el calor y la luz duraderos que necesita durante su aventura de acampada.

Tipos de yesca

A la hora de encender un fuego, contar con la yesca adecuada puede hacerle la vida mucho más fácil. Piense en la yesca como el material mágico que prende primero y le ayuda a encender esa acogedora hoguera. A continuación, explore los distintos tipos de yesca que puede utilizar:

1. Lleve su yesca

Si está bien preparado y dispone de un kit de supervivencia, puede ahorrar tiempo y esfuerzo llevando consigo algo de yesca. Entre los buenos materiales de yesca para empacar se encuentran la lana de acero fina, el papel triturado, el papel encerado o pequeños trozos de madera grasa (que proviene de un árbol resinoso). Incluso puede buscar en sus bolsillos pelusa de secadora; suele estar seca y constituye una excelente yesca.

2. La yesca de la naturaleza

Si no ha traído su propia yesca y hace un día húmedo, no se preocupe. La madre naturaleza le tiene cubierto. Busque agujas de pino secas, hierba o excrementos secos de conejo o ciervo. Éstos pueden funcionar como yesca natural. También puede encontrar pequeños trozos de madera seca o corteza. Y si el suelo no le ayuda, puede recurrir al punk. El punk es madera podrida del interior de árboles que llevan muertos un tiempo. La corteza de abedul o cedro puede triturarse y utilizarse como yesca. Los abedules tienen una corteza blanca y empapelada, y los cedros parecen secuoyas o pinos, pero tienen hojas planas. Rómpalos o tritúrelos para crear un haz suelto.

A la caza de leña

Ahora, es el momento de encontrar las piezas más grandes para su hoguera. Busque la leña en lugares protegidos de la intemperie, como debajo de un árbol grande o debajo de un trozo de corteza. Una vez que haya encendido el fuego, puede poner la leña húmeda cerca del fuego para secarla y utilizarla más tarde.

Cómo encender el fuego

Hay muchas formas de encender un fuego, pero todas empiezan encendiendo pequeños trozos de yesca seca. Disponga la yesca de modo que las llamas queden protegidas del viento, pero puedan seguir recibiendo algo de oxígeno. Puede hacer una forma de tipi con su yesca y pequeños palos o apoyar un manojo de yesca contra un tronco. Cuando vea llamas en su yesca, sople suavemente sobre el fuego para añadir oxígeno y aliméntelo cuidadosamente con pequeños palos de leña. Añada uno o dos palitos cada vez hasta que su fuego arda bien. Una vez que tenga un fuego fuerte, puede añadir palos más grandes y, finalmente, troncos.

Encendedores y materiales para encender el fuego

Una vez que tenga lista su yesca, el siguiente paso es encenderla, y para ello necesita herramientas fiables. Algunos libros de supervivencia hablan de encender fuego con pedernal, arados de fuego o taladros de arco. Estos métodos pueden ser divertidos de aprender, pero no son muy prácticos cuando tiene frío, está asustado, mojado y solo en el bosque. Necesita formas rápidas, fáciles e infalibles de encender un fuego.

1. Encendedores comprados en la tienda

Puede encontrar algunos productos fantásticos para encender fuego en las tiendas de camping. He aquí un par de ellos:

- **Cerillas impermeables**: Estas cerillas son salvavidas, ya que se encienden con facilidad, incluso en condiciones húmedas. Solo asegúrese de mantener el papel de la cerilla seco guardándolas en un recipiente hermético.

- **Encendedores desechables:** Son baratos y suelen funcionar, aunque se mojen. Puede secarlo si el suyo se moja y debería funcionar sin problemas. Llevar tanto cerillas impermeables como un encendedor siempre que vaya de excursión es una buena idea.

2. Utilizar la energía del sol

En los días soleados, puede utilizar la luz del sol para encender un fuego
https://www.pexels.com/photo/abstract-beach-bright-clouds-301599/

En los días soleados, puede utilizar la luz del sol para encender un fuego. Una pequeña lupa o incluso unas gafas pueden servir. De hecho, cualquier cosa que refleje la luz del sol puede ayudar a crear un fuego. La gente incluso ha encendido fuegos utilizando cuencos de cristal en cubiertas de madera, cristales en ventanas o vasos de bebida dejados en los alféizares. ¡Está aprovechando el poder del sol!

3. Materiales para encender fuego

Si no tiene materiales para encender fuego comprados en una tienda, no se preocupe. Puede hacer los suyos propios con cosas sencillas que quizá tenga:

- **Patatas fritas de tortilla:** Mantenga la llama de una cerilla o un mechero debajo de un trozo de tortilla durante unos segundos y prenderá fuego. Los chips de color claro con menos condimentos funcionan mejor.
- **Papel higiénico y cera de vela:** Recubra cuadrados individuales de papel higiénico con cera de vela derretida. Estos prenderán fuego rápidamente y arderán de forma constante.
- **Bolas de algodón y vaselina:** Sumerja bolas de algodón en vaselina (como la vaselina). Prenden fuego inmediatamente y arden con fuerza durante bastante tiempo.
- **Pasta ignífuga:** Se vende en tubos, se exprime sobre la madera y se enciende. Se enciende al instante.
- **Pastillas combustibles:** Existen varias pastillas de combustible sólido que arden bien y proporcionan calor suficiente para cocinar.

- **Raspaduras de bloques de magnesio:** Puede comprar bloques de magnesio con un borde de pedernal. Raspe algunos copos de magnesio sobre su yesca y luego golpee el pedernal con un cuchillo para crear chispas que prendan fuego a los copos de magnesio. Funciona incluso cuando está húmedo.

4. Improvise con lo que tiene

Si no ha traído materiales para encender fuego, piense en lo que sí ha traído y que podría utilizarse como sustituto. ¿Tiene pelusas en el bolsillo, pañuelos de papel, el envoltorio de una chocolatina o un trozo de papel que pueda arrancar y triturar?

Métodos básicos para encender fuego

- **Manojo de yesca:** Reúna hojas secas, hierba y pequeños palos. Haga un pequeño manojo con ellos. Utilice cerillas o un mechero para prender fuego al manojo. Sóplelo suavemente para que crezcan las llamas.
- **Kit para encender fuego:** Consiga un kit especial con cerillas impermeables, bolas de algodón y un percutor. Aprenda a encender las cerillas y a utilizar las bolas de algodón como iniciadores del fuego.
- **Lupa:** Utilice una lupa para captar los rayos del sol en los días soleados. Apunte con la lupa a un montón de cosas secas, como hojas o papel, y observe cómo empieza a humear y a prenderse fuego. Magia

Puede utilizar una lupa para provocar un incendio
Dave Gough, CC BY 2.0 DEED <https://creativecommons.org/licenses/by/2.0/>
https://www.flickr.com/photos/spacepleb/1505372433

- **Vela y yesca:** Encienda una vela con la ayuda de un adulto y utilice la llama de la vela para iniciar un fuego de forma segura y controlada. Esto le ayudará a aprender sin tocar grandes llamas.

Técnicas intermedias para encender fuego

- **Tendido de fuego en tipi:** Disponga pequeños palos en forma de tipi alrededor de su haz de yesca. Esto permite que entre el aire y hace que su fuego crezca. Añada palos más grandes a medida que su fuego vaya creciendo.

Coloque pequeños palos en forma de tipi alrededor de su manojo de yesca
https://www.pickpik.com/fire-camping-camp-nature-campfire-forest-91264

- **Disposición del fuego en forma de cabaña de troncos:** Haga una pequeña cabaña de troncos con los palos y el manojo de yesca dentro. Encienda el manojo, y la cabaña de troncos se desmorona a medida que arde, añadiendo más palos al fuego.

Haga una pequeña cabaña de troncos con sus palos y el manojo de yesca dentro.
https://pixabay.com/vectors/campfire-wood-fire-firewood-31930/

- **Fogata Inclinada:** Construya un pequeño refugio con palos, dejando un lado abierto como una tienda de campaña. Ponga su yesca dentro, enciéndala y el fuego prenderá. Esto es bueno para los días ventosos.

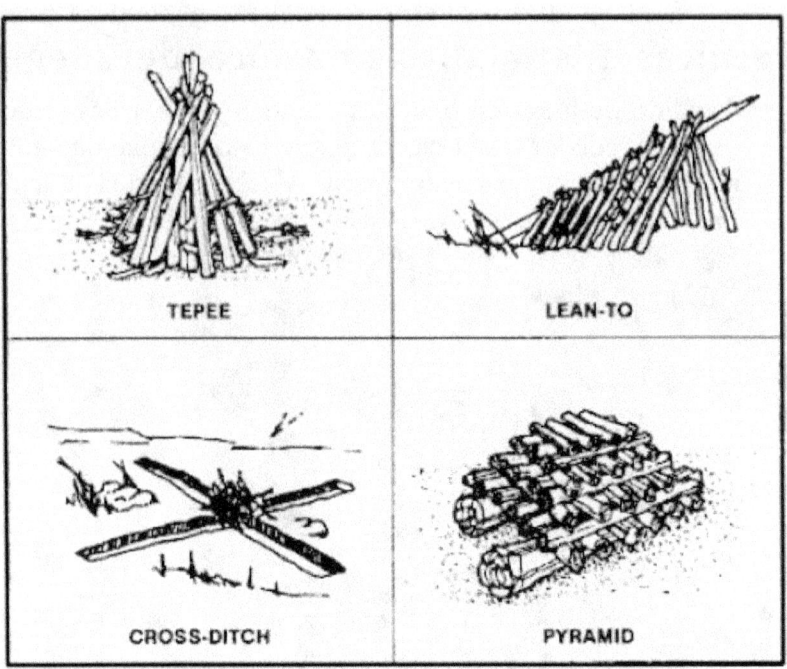

Construya un pequeño refugio con palos, dejando un lado abierto como una tienda de campaña
https://commons.wikimedia.org/wiki/File:Methods_of_laying_fires.jpg

Métodos avanzados para encender fuego (con ayuda de un adulto)

- **Herramientas para encender fuego:** Estas herramientas hacen chispas calientes cuando las raspa. Un adulto puede ayudarle a utilizarlas para encender su yesca.
- **Pedernal y acero:** Golpee un trozo de roca especial (como el pedernal) contra un percutor de acero para hacer chispas. Utilice las chispas para encender su yesca.
- **Taladro de arco:** El taladro de arco es como mágico. Necesita un huso, una tabla de hogar, un arco y un enchufe. Moviendo el arco rápidamente, puede calentar y encender la yesca. ¡Requiere práctica!

- **Fuego por fricción:** Estos métodos implican frotar cosas para crear calor, como el taladro manual o el arado de fuego. Son complicados y requieren mucha práctica. Los adultos pueden ayudarle a aprender.

Advertencia: Antes de encender un fuego, cuente siempre con la presencia de un adulto.

Mantenerse caliente y seguro

Para mantenerse caliente por la noche, puede calentar piedras junto al fuego y colocarlas bajo la ropa o en su refugio. Tenga cuidado porque estarán calientes. No ponga en el fuego rocas que hayan estado sumergidas en agua o que tengan pequeñas bolsas o grietas. Estas pueden explotar cuando se calientan. Tenga siempre cuidado al recoger las rocas, ya que puede encontrar invitados inesperados como serpientes de cascabel o escorpiones escondidos debajo. Utilice primero un palo para voltear las rocas.

Si está varado durante más de un día o tiene algo de tiempo extra, puede encender un gran fuego en una zanja del tamaño de su cuerpo. Una vez que arda hasta convertirse en brasas, cubra todo el lecho de fuego con arena o tierra. Ponga ramas verdes encima y tendrá una cama caliente. Estas ramas evitan que exponga accidentalmente las brasas mientras duerme. Otra forma de hacer una cama caliente es encender una hoguera sobre una roca grande en la que piense dormir. Después de retirar las brasas, la roca se mantiene caliente durante horas.

Recuerde apagar la hoguera antes de salir. Vierta agua sobre ella si es posible, y remuévala con un palo para asegurarse de que está apagada. Si no tiene agua, cubra el fuego con una capa gruesa de tierra o arena. Asegúrese de que el fuego está totalmente apagado antes de marcharse. Esto es vital porque muchos incendios forestales y de maleza se han originado a partir de hogueras que no se apagaron correctamente y que ardieron durante horas.

Sección 6: Agua y comestibles

En esta sección, aprenderá sobre los elementos más esenciales en bushcraft: el agua y los comestibles. Descubrirá su importancia, cómo encontrarlos e identificarlos y cómo preparar estos artículos de forma segura. Con estas inestimables habilidades, ¡podrá sobrevivir en casi cualquier lugar!

¿Por qué el agua es vital para la supervivencia?

Debe llevar siempre consigo una botella de agua o disponer de una fuente de agua en todo momento

https://pixabay.com/vectors/water-drink-body-human-hydration-5767178/

Pasar demasiado tiempo sin agua le provoca una deshidratación grave, que puede ser mortal. Debe llevar siempre una botella de agua consigo o tener siempre una fuente de agua con usted. En entornos desérticos cálidos y áridos, las consecuencias de la deshidratación son mucho más graves que en entornos más suaves. Incluso una deshidratación leve puede afectar negativamente a su bienestar mental y físico, lo que puede hacerle tomar malas decisiones.

Si se encuentra en un entorno nevado, la deshidratación puede no ser una gran preocupación. Siempre puede comer nieve para hidratarse. Sin embargo, debe ser precavido, ya que comer demasiada nieve puede hacer que descienda su temperatura corporal central. No debería ser un problema si está de viaje o realiza alguna actividad física. Si su temperatura corporal baja, siempre puede realizar actividades físicas como sentadillas o saltos de tijera. Siempre que sea posible, debe intentar derretir la nieve. Si su temperatura corporal desciende por debajo de cierto nivel, puede convertirse en víctima de la hipotermia. Estas son algunas fuentes donde puede encontrar agua en la naturaleza:

Gravedad

La gravedad es su amiga cuando se trata de encontrar agua en la naturaleza salvaje. Debe buscar agua en las zonas de menor elevación, como los valles. Normalmente, el agua se drena y se acumula en forma de charco. Incluso si no hay señales de agua en ese lugar, puede excavar el suelo para descubrir algo de agua que se acumulará en el agujero que haya cavado. También puede encontrar agua en zonas verdes con plantas, ya que eso también es un signo de la presencia de agua.

Lluvia

Si se encuentra en una selva tropical, encontrará agua por todas partes. La encontrará recogida en los rincones del bosque. Sin embargo, es mejor hervirla antes de beberla. Si encuentra bolsas frescas de agua de lluvia, puede beberla con una pajita hecha de una planta o de bambú. Puede filtrar las partículas grandes utilizando hierba, arena o tela. Sin embargo, no filtrará las bacterias ni los agentes patógenos.

Rocío

El rocío de la mañana también es una buena forma de recoger agua en zonas donde las noches son frías y los días cálidos. El aire caliente absorbe mucha humedad, así que cuando cae la noche, el aire no puede retenerla, por lo que se condensa en rocío. Puede utilizar la corteza de los árboles para almacenar agua, ya que es impermeable y no la absorbe. También puede utilizar ropa para absorber las gotas de rocío y escurrirlas en la olla hirviendo. Puede envolverse la ropa alrededor de las piernas y caminar por la hierba para absorber el rocío de la hierba. Luego puede escurrir esa agua en una olla y hervirla para consumirla sin peligro.

Vegetación

Si busca agua, siempre es bueno mirar alrededor de la vegetación verde. Si se topa con follaje verde, puede saber con certeza que allí hay agua. Incluso si no ve agua en el lugar, puede probar a cavar el suelo y, con el tiempo, hará que salga agua. Además, un lugar con animales es otra señal de la presencia de agua.

Riesgos de beber agua no tratada

Es imperativo consumir agua potable durante su aventura al aire libre. Sin embargo, en ausencia de esta, debe abstenerse de beber agua insalubre. No debe beber directamente de fuentes naturales de agua sin tratar, ya que puede estar llena de bacterias y virus. Existe el riesgo de contraer enfermedades víricas peligrosas transmitidas por el agua, como el rotavirus y la hepatitis A. También puede sentir náuseas y tener calambres y dolores de estómago por beber agua sucia. Además, puede contraer parásitos, gusanos o diarrea por beber de estas fuentes insalubres. Por eso debe hervir el agua antes de consumirla.

Métodos de purificación del agua

Una vez que haya obtenido y recogido el agua, purifíquela siempre antes de consumirla. Hay muchas formas de purificar o filtrar el agua en la naturaleza:

Hervir

Hervir el agua es la forma más segura y sencilla de hacer que el agua sea segura para el consumo
SMART Servier Medical Art, CC BY-SA 3.0 <https://creativecommons.org/licenses/by-sa/3.0>,
vía Wikimedia Commons:
https://commons.wikimedia.org/wiki/File:Boiling_water_in_a_pan.png

Hervir el agua es la forma más segura y sencilla de hacer que el agua sea segura para el consumo. Elimina todas las bacterias y virus, pero no los productos químicos. Si puede acceder al fuego y a la leña, hierva el agua antes de beberla. Debe hervir el agua durante más tiempo si se encuentra en una zona elevada. Puede hervir el agua en una olla de metal o en una taza nido. No utilice tazas metálicas aisladas o les hará un agujero.

Filtración gruesa

Puede filtrar el agua por filtración gruesa utilizando una bolsa marrón, un pañuelo o un trapo para eliminar los depósitos y la turbidez. La filtración gruesa reduce las bacterias o virus si están adheridos a la suciedad, pero no filtra los organismos patógenos más grandes. Este método para limpiar el agua se utiliza antes que los métodos químicos para limpiar de forma más eficaz.

Microfiltración

Mediante bombas, filtros cerámicos o sistemas de gravedad, puede emplear técnicas de microfiltración para eliminar los organismos patógenos de gran tamaño, incluidos los protozoos, sin utilizar calor. Sin embargo, puede no ser eficaz para los virus y las bacterias.

Esterilización química

Bajo la supervisión de un adulto, también puede utilizar métodos de esterilización química como el cloro y el yodo.

Cloro

El cloro ayuda a eliminar las bacterias y los virus, pero no se deshace de los quistes de protozoos.

Yodo

El yodo es excelente para limpiar el agua turbia y eliminar protozoos, bacterias y virus.

Técnicas ultravioleta

Puede utilizar técnicas ultravioletas para limpiar el agua y eliminar bacterias, virus y protozoos. Estos dispositivos, sin embargo, requieren que el agua esté filtrada y clara. Además, estos aparatos pueden necesitar pilas.

Comestibles silvestres

El mundo está lleno de comestibles. Vaya donde vaya, es muy probable que encuentre plantas comestibles a su alrededor, como frutos secos, raíces, bayas, flores, semillas, hongos, follaje, etc. A menudo, toda la planta es comestible. Antes de embarcarse en su viaje de forrajeo, aprenda a consumir e identificar las plantas. No coma nada que pueda parecer comestible. Ciertas plantas tóxicas tienen un aspecto similar al de otras plantas. Lleve consigo un libro o guía de plantas comestibles para reconocer las que puede comer.

Reglas generales para buscar comida

He aquí algunas reglas generales que debe seguir cuando busque comida:

1. El hecho de que un animal se lo coma no hace que el alimento sea seguro para usted.
2. No consuma una parte de una planta sin preguntar a un adulto.
3. Si una planta huele mal, evítela.
4. La hiedra venenosa y otras plantas que crecen en grupos de tres no deben comerse.
5. Las plantas que se encuentran cerca de bordes de carreteras muy transitadas o en regiones desarrolladas deben limpiarse a fondo para evitar la contaminación por pesticidas.
6. No todas las plantas son seguras para ser consumidas crudas.
7. Nunca consuma frutas o bayas podridas.
8. Asegúrese de que no es alérgico a una fruta, verdura o baya. Consuma las plantas nuevas lentamente y de una en una.
9. Espere un poco antes de comer más para saber si hay algún impacto negativo.
10. Siga siempre la filosofía de no dejar rastro para asegurarse de que su entorno es prístino para el disfrute de futuros visitantes.

Plantas comestibles comunes

Estas plantas son fáciles de identificar y tienen al menos una parte que puede consumir sin peligro. Es fácil localizarlas en todo Estados Unidos. Coja una guía local para identificar y seleccionar sus plantas comestibles silvestres favoritas.

1. Capuchina

Busque capuchinas cerca de su casa antes de embarcarse en su aventura al aire libre
Sankar 1995, CC BY-SA 4.0 <https://creativecommons.org/licenses/by-sa/4.0>, vía Wikimedia Commons: https://commons.wikimedia.org/wiki/File:Orange_Nasturtium_Flower_-_Shola_Gardens_-_Kotagiri.jpg

Busque capuchina cerca de su casa antes de embarcarse en su aventura al aire libre. Es una encantadora planta picante que puede ser naranja, amarilla o roja. Se puede encontrar fácilmente en jardines o parques y en la tierra natal de Sudamérica. Todas las partes de esta planta, desde las semillas hasta las hojas, son comestibles y ricas en vitaminas.

2. Cactus de higo chumbo

Puede encontrar alimento incluso en el desierto. México y el suroeste americano son el hogar de los cactus de higo chumbo. Sus brazos tienen forma de pala y su fruto es de color rosa vivo. Antes de comerlo, hay que pelarle la piel y quitarle las espinas. Su fruto se utiliza mucho para hacer zumo fresco de color rosa.

3. Morilla

Las deliciosas setas que crecen en primavera se llaman colmenillas. Asegúrese de no tropezar con una "falsa colmenilla", que puede engañar al ojo desinformado y es algo dañina.

4. Piñones

Los piñones son increíblemente deliciosos y nutritivos, pero necesitan mucho tiempo para recolectarse. Por eso no debe considerarlos como su recurso de supervivencia. Son semillas, no frutos secos, y se encuentran en las piñas. Las semillas de los pinos piñoneros crecen por todo el suroeste americano.

5. Diente de león

Los dientes de león son comestibles y se pueden encontrar en todas partes
Zeynel Cebeci, CC BY-SA 4.0 <https://creativecommons.org/licenses/by-sa/4.0>, vía Wikimedia Commons: https://commons.wikimedia.org/wiki/File:Taraxacum_officinale_-_Common_dandelion_03.jpg

Los dientes de león son comestibles y pueden encontrarse en todas partes. Las hojas deben consumirse jóvenes porque con el tiempo se vuelven amargas e incluyen vitaminas K y A. Las hojas y raíces maduras deben cocinarse antes de comerlas para mejorar su sabor. La flor dorada puede añadirse a una ensalada o comerse cruda.

Plantas a evitar

Debe aprender a identificar las plantas comestibles de las venenosas. Conocerlas le ayudará a usted y a sus mascotas a mantenerse a salvo, ya que también pueden encontrarse en su jardín y en los parques.

1. Ortiga de caballo

El fruto de la ortiga de caballo se parece a los tomates cherry porque es miembro de la familia de las berenjenas o tomates. El fruto puede parecer apetitoso pero es tóxico; por lo tanto, no debe comerlo. Se encuentra en el sur de Estados Unidos. Está formado por espinas y tiene un sabor amargo.

2. Ojos de muñeca

Estas bayas son blancas con puntos negros en el centro
Rizka, CC BY-SA 4.0 <https://creativecommons.org/licenses/by-sa/4.0>, vía Wikimedia Commons:
https://commons.wikimedia.org/wiki/File:Doll%27s_Eyes,_Mount_Auburn_Cemetery,_Cambridge,_Massachusetts.jpg

Estas bayas son blancas con puntos negros en el centro. Se parecen a los ojos de una muñeca, de ahí su nombre. Toda la planta es tóxica y puede encontrarse en el este de EE. UU.

3. Hiedra venenosa

Los humanos no pueden comer hiedra venenosa, aunque los pájaros comen sus semillas y los ciervos consumen sus hojas. Produce un sarpullido que pica, así que aprenda a identificarla, ya que crece en arbustos, campos, parques y enredaderas.

4. Adelfa

La adelfa tiene unas flores preciosas y huele deliciosamente, como los albaricoques
Alvesgaspar, CC BY-SA 3.0 <http://creativecommons.org/licenses/by-sa/3.0/>, vía Wikimedia Commons: https://commons.wikimedia.org/wiki/File:Nerium_oleander_flowers_leaves.jpg

La adelfa presenta unas flores preciosas y huele deliciosamente, como los albaricoques. Sin embargo, todas las partes de esta planta son tóxicas y pueden matarle. Se encuentran en Florida, Texas y California.

5. Hippomane Manchinela

Los árboles manzanilla de la muerte son extremadamente peligrosos. Consumir su fruto, parecido a una manzana, puede resultar fatal. También se le llama el árbol de la muerte. Se encuentra en los Cayos de Florida y en el sur de Florida. Crece de forma silvestre en lugares pantanosos o costeros de América Central, México y el Caribe.

Cómo identificar y evaluar la comestibilidad de la fauna silvestre

Debe saber cómo identificar y evaluar la comestibilidad de los animales salvajes y los insectos. Debe estar siempre bajo la supervisión de un adulto cuando trate con animales salvajes y aprender sobre sus especies, hábitats y comportamientos, especialmente los que se encuentran alrededor de la fuente de agua. Sea consciente de las partes comestibles y no comestibles de los animales. Además, vea si puede determinar qué enfermedades puede tener un animal. Por último, respete siempre la naturaleza y los animales y evite molestarlos.

Métodos de cocina y técnicas de conservación

Aprender a cocinar y conservar los alimentos es una habilidad gratificante para la vida que le ayudará a ser más autosuficiente. He aquí algunas técnicas de cocina y conservación.

Técnicas de cocina

Cocinar en una hoguera

Puede encender una hoguera y utilizar pinchos para asar malvaviscos. También puede cocinar alimentos como perritos calientes, verduras y pequeños trozos de carne sobre una llama abierta colocándolos en palos o brochetas.

Cocina solar

Puede utilizar un horno solar para cocinar alimentos. Puede alinear el horno con el sol para cocinar cosas como *smores*.

Hervir y asar a la parrilla

Asar a la parrilla puede ayudarle a cocinar carne o verduras sobre las llamas
Jason Pratt de Pittsburgh, PA, CC BY 2.0 <https://creativecommons.org/licenses/by/2.0>, vía Wikimedia Commons:
https://commons.wikimedia.org/wiki/File:Cooking_Hot_Dogs_on_the_Campfire_(3677843356).jpg

Puede hervir agua para cocinar pasta, arroz y sopa. Asar a la parrilla puede ayudarle a cocinar carne o verduras sobre las llamas.

Técnicas de conservación

Secado

Puede secar al aire sus frutas y verduras para evitar que se estropeen y también guardarlas en recipientes para utilizarlas en el futuro.

Ahumado

Puede ahumar su carne o pescado para conservarlos. Hágalo con un adulto, ya que puede resultar complicado.

Enlatado

Puede preparar mermeladas y encurtidos para enlatar. Necesitará tarros esterilizados para sellarlos correctamente.

Sección 7: Primeros auxilios básicos

Imagínese que se encuentra en plena naturaleza, rodeado de árboles imponentes, ríos serpenteantes y los sonidos de pájaros e insectos. Es una aventura emocionante, pero también puede ser donde a veces las cosas salen de forma diferente a la planeada. Por eso necesita saberlo todo sobre primeros auxilios, especialmente cuando no hay un hospital cerca o cuando la asistencia médica puede tardar en llegar.

Lejos de la ayuda

A veces, puede estar lejos de pueblos o ciudades cuando explora la naturaleza salvaje. Por lo tanto, si algo va mal, es posible que no pueda llegar rápidamente a un hospital. Saber primeros auxilios significa que puede ayudarse a sí mismo y a sus amigos hasta que lleguen los mayores.

Pensamiento rápido

Cuando ocurren accidentes, éstos no esperan. Debe saber qué hacer de inmediato. Los primeros auxilios le enseñan a pensar rápido y a actuar con inteligencia en situaciones de emergencia, como cuando alguien se hace daño o se encuentra mal de repente.

Las sorpresas de la naturaleza

La naturaleza está llena de sorpresas: algunas son asombrosas, como avistar un ciervo, y otras dan un poco de miedo, como ser picado por una abeja o tropezar con una roca. Los primeros auxilios le ayudan a manejar estas sorpresas, ya sea un pequeño rasguño o un problema mayor, como saber qué hacer si se encuentra con un animal salvaje.

Sea un ayudante

Cuando sabe primeros auxilios, puede ser un héroe. Si alguien está herido o en apuros, puede ser usted quien mejore las cosas. Sienta muy bien ayudar a los demás y asegurarse de que están a salvo.

Seguridad con los amigos

Si sale a explorar con sus amigos, no se trata solo de mantenerse a salvo usted, sino también de mantenerlos a salvo a ellos. Los conocimientos de primeros auxilios le ayudarán a cuidar de sus amigos y a asegurarse de que todos disfrutan de una aventura divertida y segura.

Detener pequeños problemas

A veces, un pequeño problema puede convertirse en algo grande si necesita ayuda para saber qué hacer, pero con los primeros auxilios puede evitar que los problemas menores empeoren. Por ejemplo, si se hace un corte, saber cómo limpiarlo y vendarlo puede evitar que se infecte.

Así pues, aprender primeros auxilios en la naturaleza es algo más que saber ponerse una venda. Se trata de prepararse para lo inesperado, ayudar a los demás y asegurarse de tener la mejor aventura posible. Es una habilidad para la vida que le mantiene a usted y a sus amigos a salvo mientras explora el increíble mundo de la naturaleza.

Acceso a lesiones y enfermedades

Paso 1: Mantenga la calma

En cualquier emergencia, lo primero que hay que hacer es mantener la mente clara y tranquila. Respire hondo e intente que no cunda el pánico. Esto le ayudará a pensar con más claridad y a tomar mejores decisiones.

Paso 2: Compruebe si hay peligros

Antes de acercarse a alguien que necesite ayuda, eche un buen vistazo a su alrededor. Asegúrese de que la zona es segura para que entre y evite empeorar una mala situación. Compruebe si hay rocas resbaladizas, arbustos espinosos u otros peligros potenciales. Si no es seguro, no siga adelante. Su seguridad también es esencial.

Paso 3: Evalúe la situación

Acérquese a la persona que necesita ayuda, pero hágalo con cuidado. Si están inconscientes, sacuda suavemente sus hombros y hábleles.

Pregunte en voz alta: "¿Se encuentra bien?". Si no responden, se trata de una situación grave. Es el momento de pedir ayuda a un adulto o pedir asistencia si tiene un teléfono.

Paso 4: Haga preguntas

Si la persona está consciente y puede hablar, pregúntele qué ha pasado
https://pixabay.com/vectors/questions-man-head-success-lamp-2519654/

Si la persona está consciente y puede hablar, pregúntele qué ha pasado. "¿Puede decirme qué ha pasado?". Escuche atentamente sus respuestas. Le dará información esencial sobre su estado.

Paso 5: Busque lesiones

Revise cuidadosamente el cuerpo de la persona en busca de lesiones. Busque cortes, rasguños, moratones o cualquier cosa que tenga un aspecto inusual. Cuando encuentre una herida, preste mucha atención. Si hay hemorragia, es prioritario ocuparse de ella. Utilice un paño limpio o un vendaje para detener la hemorragia y proteger la zona.

Paso 6: Compruebe si hay alguna enfermedad

A veces, la gente se siente enferma en la naturaleza. Pueden tener síntomas como mareos, dolor de cabeza, náuseas o calor o frío extremos. Pregúnteles cómo se sienten y qué están experimentando. Busque signos como sudoración, palidez o enrojecimiento de la cara. Estos signos pueden darle pistas sobre lo que puede ir mal.

Paso 7: Priorice los cuidados

Ahora debe decidir qué necesita su atención con mayor urgencia. Recuerde las tres P: Preservar la vida, Prevenir lesiones mayores y Promover la recuperación.

Preservar la vida: Si alguien no respira o su corazón no late, debe iniciar la RCP (si sabe cómo hacerlo) o conseguir que un adulto le ayude inmediatamente. Esto es lo más crítico porque se trata de salvar su vida.

Evite lesiones mayores: Si hay hemorragia, aplique presión para detenerla. Si alguien tiene un hueso roto, intente evitar que se mueva. Asegúrese de que la persona está a salvo de cualquier otro peligro presente en la zona.

Promueva la recuperación: Tras abordar los peligros inmediatos, su siguiente objetivo es mantener a la persona cómoda. Por ejemplo, si tienen frío, proporcióneles una manta. Si tienen sed, ofrézcales agua. Si les duele la cabeza, sugiérales que descansen y respiren hondo.

Paso 8: Consiga ayuda

En situaciones graves, es crucial informar a un adulto y pedir ayuda. Si dispone de teléfono, utilícelo para llamar a los servicios de emergencia o para ponerse en contacto con alguien que pueda ayudarle. Si no hay señal telefónica, envíe a alguien a buscar a un guarda forestal o a otra persona responsable que esté cerca.

Recuerde que es crucial mantenerse dentro de su zona de confort. Si la situación es demasiado grande o arriesgada para que usted pueda manejarla, busque a un adulto y deje que se haga cargo. Saber cómo evaluar lesiones y enfermedades en la naturaleza es como convertirse en un héroe de la vida real y en un detective de la naturaleza. Usted reúne pistas, toma decisiones sabias y ayuda a los necesitados. Estas habilidades hacen que sus aventuras al aire libre sean más seguras y agradables para todos los implicados.

Suministros de primeros auxilios que debe incluir

Un botiquín de bushcraft bien preparado debe incluir suministros esenciales de primeros auxilios para tratar las lesiones y dolencias comunes en la naturaleza. He aquí una lista de suministros básicos de primeros auxilios para su botiquín de bushcraft:

Vendas adhesivas

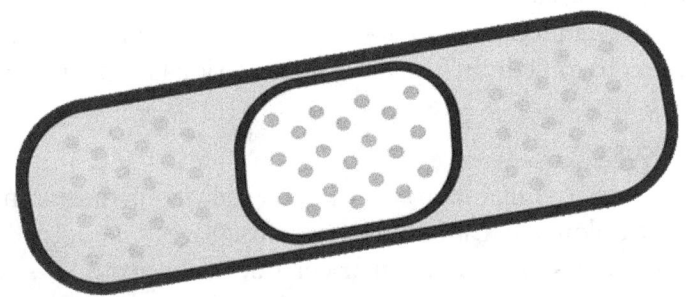

A menudo se llaman "tiritas", son pequeñas tiras adhesivas con un centro acolchado
https://pixabay.com/vectors/band-aid-first-aid-medical-adhesive-3116999/

A menudo se llaman "tiritas", pequeñas tiras adhesivas con un centro acolchado. Cubren y protegen pequeñas heridas como cortes, ampollas o abrasiones. Existen diferentes tamaños para adaptarse a las dimensiones y localización de la herida.

Gasas estériles

Las compresas de gasa están hechas de tejido estéril para vendar heridas más grandes, quemaduras o cortes profundos. Mantienen limpia la herida y ayudan a prevenir infecciones. Los rollos de gasa se utilizan para fijar los apósitos en su sitio, especialmente para envolver o cubrir heridas más grandes.

Cinta médica

La cinta médica es una cinta adhesiva especial diseñada para aplicaciones médicas. Se utiliza para fijar gasas, vendas u otros apósitos en su sitio, asegurando que permanezcan limpios y firmemente adheridos a la piel.

Toallitas o solución antiséptica

Las toallitas o soluciones contienen desinfectantes para limpiar heridas y prevenir infecciones. Al limpiar la zona alrededor de un corte o rasguño se reduce el riesgo de que entren bacterias nocivas en la herida, lo que favorece una curación más rápida.

Tijeras y pinzas

Se utilizan para cortar cinta médica, ropa o vendas a la longitud deseada. Las pinzas se utilizan para extraer con seguridad y precisión astillas, espinas u otros objetos extraños de las heridas sin utilizar los dedos, que pueden introducir infecciones.

Venda elástica

Las vendas elásticas son elásticas y sujetan las extremidades con torceduras o esguinces, como los tobillos o las muñecas. Ayudan a reducir la hinchazón e inmovilizan las zonas lesionadas para evitar daños mayores.

Analgésicos

El paracetamol o el ibuprofeno pueden aliviar pequeñas molestias causadas por dolores de cabeza, dolores musculares o pequeños dolores provocados por lesiones. Pueden hacer que el paciente se sienta más cómodo.

Antihistamínicos (para reacciones alérgicas)

Los antihistamínicos, a menudo disponibles en forma de pastillas o cremas, se utilizan para controlar las reacciones alérgicas, las picaduras de insectos o los síntomas alérgicos leves. Actúan reduciendo el picor y la hinchazón asociados a las alergias.

Bastoncillos de algodón

Las bolas de algodón y los bastoncillos son versátiles y pueden utilizarse para diversas tareas médicas, como limpiar heridas, aplicar pomadas o cremas, o ayudar con la higiene sobre el terreno.

Termómetro

Un termómetro es un dispositivo para medir la temperatura corporal. Una temperatura elevada puede indicar fiebre o enfermedad, algo esencial de vigilar en la naturaleza.

Pinzas

Las pinzas son instrumentos de precisión de punta fina para extraer con seguridad astillas, espinas u otros objetos extraños incrustados en la piel. Debe mantenerlas limpias y estériles.

Manta de emergencia

Una manta de emergencia, o manta espacial, es una sábana compacta, ligera y reflectante que ayuda a retener el calor corporal. Puede proporcionar calor y cobijo en casos de exposición o shock.

Torniquete (para hemorragias graves)

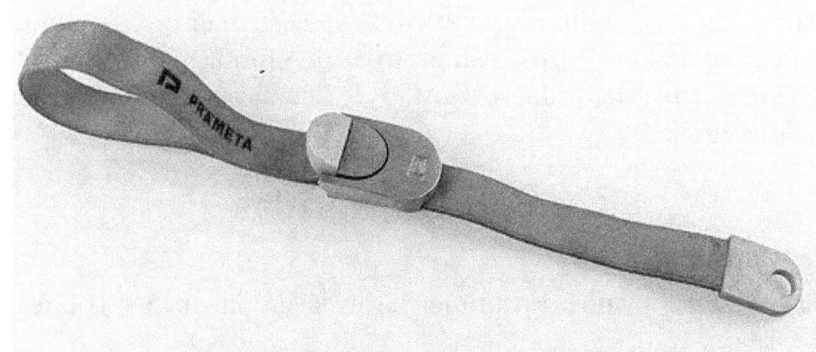

Un torniquete solo debe utilizarse en casos extremos cuando otros medios no puedan controlar una hemorragia grave
© *Raimond Spekking: CC BY-SA 4.0 DEED <https://creativecommons.org/licenses/by-sa/4.0/deed> https://commons.wikimedia.org/wiki/File:Pr%C3%A4meta_tourniquet-4981.jpg*

Un torniquete debe utilizarse solo en casos extremos cuando otros medios no puedan controlar una hemorragia grave. Es necesario un entrenamiento adecuado para evitar complicaciones al aplicar un torniquete.

Jabón limpiador o desinfectante de manos

Una higiene adecuada de las manos evita la contaminación de las heridas y el equipo. Utilice jabón limpiador o desinfectante de manos antes de tratar las heridas para reducir el riesgo de infección.

Manual o guía de primeros auxilios

Un manual de primeros auxilios proporciona instrucciones detalladas sobre la administración de primeros auxilios en diversas situaciones. Tenga uno consigo por si se encuentra con heridas o problemas médicos desconocidos.

Información de contactos de emergencia

Incluya una lista de contactos de emergencia, como familiares, amigos o guardas del parque. Esta información es vital si usted o su grupo necesitan ayuda en una emergencia en la naturaleza.

Medicamentos recetados (si son necesarios)

Si usted o alguien de su grupo necesita medicamentos recetados para una afección médica, asegúrese de que estos medicamentos estén incluidos en su botiquín de primeros auxilios.

Recuerde que su botiquín de primeros auxilios bushcraft debe personalizarse en función de las necesidades específicas de su aventura y del número de personas de su grupo. Compruebe y reponga regularmente los suministros a medida que se utilicen o caduquen. Aprender a utilizar estos suministros de forma eficaz mediante formación o cursos de primeros auxilios le beneficiará en un entorno de naturaleza salvaje.

Cuidado de heridas

Cortes y rasguños

1. **Lávese las manos:** En primer lugar, lávese las manos con agua y jabón.
2. **Limpie la herida:** Limpie el corte o la raspadura con agua y jabón suave. Utilice un paño limpio o una gasa.
3. **Detenga la hemorragia:** Si sangra, presione con firmeza un paño limpio o una venda sobre la herida durante unos minutos hasta que deje de sangrar.
4. **Aplique un antiséptico:** Ponga un poco de antiséptico en un algodón y aplíquelo suavemente sobre la herida.
5. **Cubra con un vendaje:** Coloque una tirita o una gasa estéril sobre la herida y utilice esparadrapo médico para mantenerla en su sitio.

Quemaduras

1. **Enfríe la quemadura:** Deje correr agua fría sobre la quemadura durante unos 10 minutos para enfriarla. No utilice hielo.
2. **Cubra con gasas:** Cubra la quemadura con una gasa estéril o un paño limpio después de enfriarla.
3. **Eleve:** Manténgala elevada para reducir la hinchazón si se trata de una quemadura en un brazo o una pierna.
4. **No reviente las ampollas:** Si ve ampollas, no las reviente. Protegen la quemadura.

Esguinces y torceduras

1. **Descanse:** No lo utilice si se lesiona una articulación o un músculo. El reposo es crucial.
2. **Hielo:** Póngase una bolsa de hielo (un paño con hielo en su interior) en la zona durante 15-20 minutos cada hora.

3. **Compresión:** Utilice una venda elástica para envolver suavemente la zona lesionada y reducir la hinchazón.

4. **Eleve:** Eleve la extremidad lesionada hasta el nivel del corazón, como poner una almohada bajo el tobillo.

Mordeduras y picaduras

Si le pica una abeja, raspe con cuidado el aguijón con la uña o con una tarjeta de crédito.

1. **Lávese con jabón:** Lave la zona de la picadura o mordedura con agua y jabón.

2. **Compresa fría:** Coloque una compresa fría sobre la mordedura o picadura para aliviar el dolor y la hinchazón.

3. **Analgésico:** Si le duele, puede tomar un analgésico según las indicaciones.

Reacciones alérgicas

1. **Mantenga la calma:** Si tiene una alergia y empieza a sentirse mal, mantenga la calma y dígaselo a un adulto.

2. **Utilice un EpiPen:** Si tiene uno, utilice un EpiPen siguiendo las instrucciones. Pida ayuda a un adulto.

3. **Llame al 911:** Pida a alguien que llame inmediatamente al 911 para obtener más ayuda.

Deshidratación

1. **Beba agua:** Cuando tenga calor o esté sudando, beba agua, aunque no tenga sed.

2. **Descanse a la sombra:** Busque algo de sombra para descansar si siente demasiado calor.

3. **Refrésquese:** Utilice un paño húmedo en la cara y el cuello para refrescarse.

Hipotermia

1. **Abríguese:** Si hace frío y está temblando, métase en un refugio o póngase ropa seca y cálida.

2. **Cúbrase:** Utilice una manta o un saco de dormir para mantenerse caliente.

RCP básica

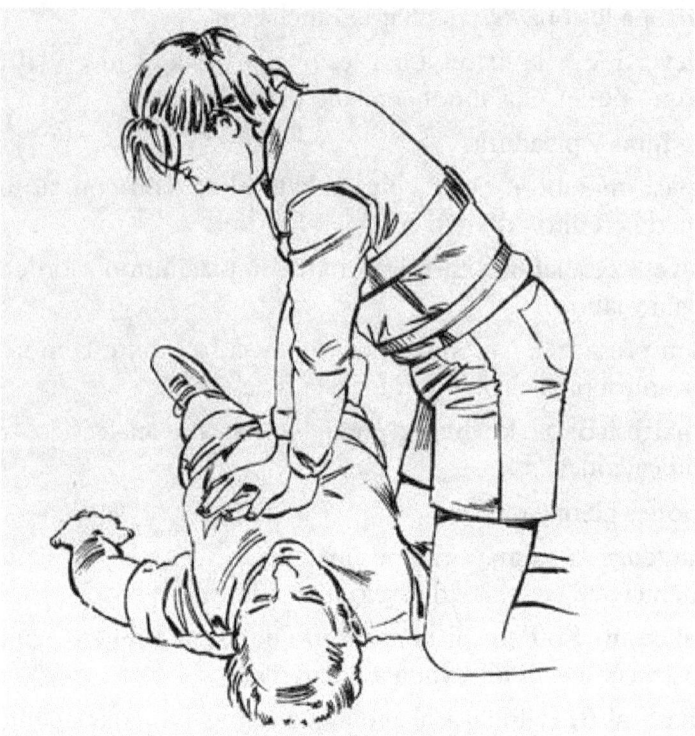

Si sabe cómo hacerlo, inicie la RCP (compresiones torácicas y respiraciones de rescate) hasta que llegue la ayuda

https://commons.wikimedia.org/wiki/File:Cardiopulmonary_Resuscitation_Adult.jpg

1. **Compruebe si respira:** Toque a la persona y pregúntele en voz alta: "¿Estás bien?". Compruebe si respira.
2. **Pida ayuda:** Si no respiran, llame a gritos a un adulto y llame al 911.
3. **Inicie la RCP:** Si sabe cómo hacerlo, inicie la RCP (compresiones torácicas y respiraciones de rescate) hasta que llegue la ayuda.

Respiración artificial de rescate

1. **Abra las vías respiratorias:** Incline la cabeza de la persona hacia atrás para abrirle las vías respiratorias.
2. **Respire por ellos:** Pellízqueles la nariz y deles dos respiraciones de rescate, observando cómo se eleva su pecho.
3. **Continúe con la RCP:** Si no respiran, inicie la RCP (30 compresiones torácicas y 2 respiraciones artificiales de rescate).

Intente siempre encontrar a un adulto o llame al 911 si alguien está gravemente herido o enfermo. Estos sencillos pasos pueden ayudarle a cuidar de sí mismo o de sus amigos mientras disfruta de aventuras al aire libre.

Sección 8: Habilidades para encontrar comida

Ser capaz de cazar, atrapar y recolectar alimentos en la naturaleza le capacitará y profundizará su comprensión del mundo natural. Estas técnicas de supervivencia son apasionantes y educativas. Aprenderá a localizar, atrapar y recolectar alimentos en la naturaleza, fomentando el ingenio y una profunda conexión con el medio ambiente. Así que prepárese para sumergirse en la naturaleza y descubrir estas habilidades intemporales que le acompañarán para siempre.

Conocer la flora y la fauna locales

Quizá se pregunte por qué es increíble conocer las plantas y los animales de la zona en la que vive. Es como tener un país de las maravillas naturales en la puerta de casa, esperando a ser explorado y apreciado. Llega a descubrir cómo encaja todo en su entorno y las especies dominantes en el hábitat circundante. ¿Se ha preguntado alguna vez cómo encuentran comida los pájaros, dónde les gusta pasar el rato a las ranas o qué plantas puede comer sin peligro? Estas son las preguntas que la exploración de su flora y fauna locales puede ayudarle a responder.

Con la exploración, descubrirá que muchas plantas son algo más que una forma de la naturaleza de añadir follaje al entorno. En la antigüedad, toda la medicina estaba hecha de elementos naturales, incluidas las plantas medicinales, que aportaban montones de beneficios para la salud. Cuanto más explore, más entenderá sobre la búsqueda de los alimentos adecuados. Imagínese recoger bayas silvestres de una ruta de senderismo en las montañas y consumirlas porque sabe que son perfectamente seguras.

Pero no se trata solo de ciencia y supervivencia, sino también de conectar con las tradiciones de su comunidad. Los distintos lugares tienen formas únicas de hacer las cosas, y explorando su flora y fauna locales, puede conocer las tradiciones transmitidas de generación en generación. Investigue las plantas y los animales de su zona para tener una perspectiva clara del ecosistema que le rodea. Le sorprenderá saber que las plantas que creía inútiles tienen propiedades beneficiosas para la salud cuando se forrajean y consumen correctamente.

La caza y la captura con trampas son métodos tradicionales de obtención de fauna silvestre para obtener alimentos y otros recursos que se han practicado durante siglos. Sin embargo, en el mundo moderno, ciertas normas de caza y captura se consideran ilegales solo para conservar el ecosistema y promover el bienestar de los animales.

Estas técnicas han evolucionado con el tiempo y hoy en día abarcan muchos métodos y herramientas. Algunos métodos son muy avanzados y utilizan equipos modernos, mientras que otros son más primitivos y se basan en herramientas y habilidades básicas. Aquí explorará diversas técnicas de caza y captura, incluyendo tanto los métodos modernos como los primitivos:

Técnicas modernas de caza

Armas de fuego: Las armas de fuego, como los rifles y las escopetas, son las herramientas más utilizadas para cazar hoy en día. Son precisas y potentes, lo que permite a los cazadores abatir objetivos a distancia.

Caza con arco: La caza con arco consiste en utilizar arcos y flechas. Los arcos compuestos y las ballestas son opciones populares. Este método requiere un alto nivel de habilidad debido a la necesidad de precisión y a un corto alcance efectivo.

Armas de pólvora negra: Las armas de avancarga y otras armas de fuego de pólvora negra proporcionan una experiencia de caza más tradicional. Son más lentas de recargar, pero ofrecen una sensación de historia y desafío.

Ballestas: Las ballestas son una variante moderna del arco y la flecha, conocidas por su precisión y potencia. Son populares entre los cazadores que aprecian la sensación del tiro con arco tradicional.

Exploración: El éxito de la caza suele comenzar con la exploración de la zona. Los cazadores buscan señales de caza, como huellas, excrementos y zonas de alimentación. Es crucial conocer el terreno, la vegetación y las pautas meteorológicas locales.

Técnicas de caza primitivas

Trampas: Los lazos son herramientas primitivas sencillas pero eficaces utilizadas para atrapar animales. Consisten en una cuerda en bucle o un alambre colocado a lo largo de los senderos o caminos de los animales. Cuando un animal pasa por ellos, el lazo se tensa alrededor de su cuerpo, reteniéndolo.

Trampas muertas: Las trampas muertas son dispositivos básicos de captura en los que se coloca un objeto pesado y, cuando un animal lo acciona, el peso cae y aplasta o atrapa al animal.

Trampas jaula: Las trampas jaula son más humanas y capturan a los animales sin dañarlos. Los tramperos liberan entonces al animal capturado en un momento posterior.

Trampas de sujeción con patas: Las trampas de sujeción por el pie están diseñadas para sujetar la pata del animal cuando pisa la trampa. Esto permite al trampero acercarse y despachar humanitariamente al animal.

Átlatl: El átlatl es un arma primitiva para lanzar lanzas con más fuerza y precisión. Prolonga la longitud del brazo del cazador, proporcionándole una ventaja mecánica.

Cerbatana: Las cerbatanas son una herramienta utilizada para la caza silenciosa de caza menor y aves. El cazador sopla a través del tubo para propulsar pequeños dardos, normalmente envenenados, hacia el objetivo.

Recuerde que la caza y la captura deben realizarse siempre de forma ética y respetando la fauna y la normativa local. La sostenibilidad y las prácticas responsables protegen tanto el medio ambiente como a los animales que usted tiene como objetivo. Además, si planea dedicarse a estas actividades, considere la posibilidad de realizar cursos o aprender de personas experimentadas para garantizar prácticas seguras y humanas.

Habilidades esenciales para la pesca

Espere a que el pez pique, luego ponga el anzuelo sacudiendo rápidamente la caña hacia arriba cuando sienta un tirón
https://www.pexels.com/photo/person-fishing-294674/

Pesca con caña

Necesitará una caña de pescar, un carrete, sedal y varios anzuelos, cebos y señuelos para pescar con caña. Elija el aparejo apropiado para el tipo de pez al que se dirige. Lance el sedal al agua, dejando que su cebo o señuelo flote, se hunda o nade a distintas profundidades. Utilice diferentes técnicas de lanzado, como el lanzado por encima de la cabeza o el lanzado lateral, en función de su objetivo y del entorno.

La pesca con caña requiere paciencia. Espere a que el pez pique y lance el anzuelo tirando rápidamente de la caña hacia arriba cuando sienta un tirón. Una vez que haya enganchado un pez, juegue con él enrollándolo y dejando que se canse. Utilice la caña para controlar los movimientos del pez y evitar que se escape.

Calar líneas

Limblines y Juglines: Son métodos de pesca pasivos. Fije anzuelos cebados a líneas sujetas a objetos flotantes como jarras o ramas de árboles. Sumérjalos en el agua y compruebe periódicamente si ha capturado algún pez.

Trotlines: Las trotlines son líneas más largas con varios anzuelos cebados. Se anclan en el lugar y pueden calarse durante la noche. Revíselas con regularidad para recuperar cualquier pez capturado.

Trampas para peces

Redes de aro: Las redes de aro son redes cilíndricas con una entrada que conduce a una cámara central cebada. Los peces nadan dentro, pero les cuesta encontrar la salida.

Trampas embudo: Estas trampas tienen una entrada en forma de embudo que conduce a una cámara cebada. Una vez que los peces entran, les resulta difícil salir.

Pesca submarina

La pesca submarina requiere un arpón o una pértiga con una punta afilada, una máscara y un tubo para ver bajo el agua. Un traje de neopreno le mantendrá caliente y le proporcionará flotabilidad. Acérquese al pez con cuidado y paciencia. Dé una estocada rápida y precisa con su arpón cuando se acerque.

Pesca en hielo

La pesca en hielo consiste en pescar a través de un agujero en el hielo. Necesitará una barrena para hielo, una caña para pescar en hielo y ropa de abrigo para crear el agujero. Los cebos más populares para la pesca en el hielo son las lombrices, los pececillos y las plantillas.

Pesca con mosca

La pesca con mosca utiliza una caña ligera, un carrete y líneas especializadas. Las "moscas" suelen ser señuelos artificiales hechos de plumas y otros materiales. El lanzado con mosca es una técnica única y elegante. Tendrá que practicar el arte del lanzado para que la mosca aterrice suavemente en la superficie del agua.

Uso de buscadores de peces

Los buscadores de peces modernos utilizan la tecnología del sonar para localizar a los peces en el agua. Aprenda a leer la pantalla para identificar los peces y su profundidad.

Recuerde consultar la normativa local sobre pesca y obtener los permisos o licencias necesarios. Respete los límites de capturas y practique la captura y suelta cuando sea necesario para mantener poblaciones de peces sanas. La pesca no es solo una habilidad; es también una oportunidad para conectar con la naturaleza y disfrutar del aire libre.

Habilidades de rastreo

Busque huellas de animales en el barro, la arena o la nieve
https://pixabay.com/vectors/paw-print-paw-foot-prints-footprint-2165814/

Huellas de animales: Busque huellas de animales en el barro, la arena o la nieve. Estas huellas pueden indicarle quién pasó por allí y cuándo.

Excrementos de animales: Sí, ¡los excrementos de los animales pueden decirle mucho! Puede mostrarle lo que comen los animales y su tamaño.

Señales de alimentación: Busque plantas mordisqueadas o corteza de árbol masticada. Son como migas de pan que le conducen a posibles fuentes de alimento.

Huellas y rastros: Siga el rastro de las huellas para ver dónde ha estado un animal y hacia dónde podría dirigirse.

Habilidades de observación

Silencio y paciencia: A los animales no les gustan las interrupciones ruidosas, por lo que ser silencioso y paciente le ayudará a verlos comportarse con naturalidad.

Prismáticos y cámaras: Utilice prismáticos o una cámara para ver de cerca sin asustar a los animales.

Guías de campo: Tenga a mano libros para identificar las plantas y los animales de su zona.

Escuchar: Preste atención a los sonidos que le rodean. El piar de los pájaros o el susurro de las hojas podrían revelarle animales ocultos.

Al aprender habilidades de rastreo y observación, se convertirá en un detective de la vida salvaje, descubriendo los secretos de la naturaleza. Estas habilidades le ayudarán a comprender el mundo natural y harán que sus aventuras al aire libre sean más emocionantes.

Consejos para la caza

Técnicas de acecho

Muévase en silencio y con cautela, manteniendo un perfil bajo. Los movimientos lentos y deliberados son la clave para evitar sobresaltar a los animales de caza. Aproveche la cobertura natural como rocas, árboles y arbustos. Utilícelos para romper su silueta y ocultarse de la vista de su presa. Preste atención al viento. Manténgalo de cara para que su olor se aleje de los animales que persigue. Los animales dependen en gran medida de su sentido del olfato. Evite hacer ruidos innecesarios, como pisar hojas secas o hacer crujir ramitas. Camine suavemente y pise con cuidado.

Camuflaje

Elija ropa de camuflaje que se adapte al entorno en el que vaya a cazar. Esto le ayudará a mimetizarse con el entorno. Camufle su cara y sus manos con pintura o una máscara para reducir la posibilidad de ser descubierto. Equípese con equipo de camuflaje, incluidos sombreros, guantes e incluso una mochila.

Conocimiento del comportamiento de la caza

Debe conocer los hábitos y el comportamiento de los animales de caza que vaya a cazar. Estudie sus pautas de alimentación, rituales de apareamiento y hábitats preferidos. Cace cuando su especie objetivo esté más activa, normalmente durante el amanecer y el atardecer. Muchos animales son más activos durante estos periodos de poca luz. Aprenda a utilizar reclamos o señuelos para atraer o llamar a los animales. Esto puede ser especialmente eficaz para especies como las aves acuáticas o los pavos.

Exploración

Antes de la cacería, explore la zona de caza para identificar los rastros de caza, las zonas de alimentación y los lugares donde se acuestan los animales. Coloque cámaras de rastreo para captar imágenes de la actividad de la fauna salvaje en la zona. Esto le ayudará a conocer los movimientos y el ritmo de la caza.

Seguridad y preparación

Dé prioridad a la seguridad siguiendo siempre las normas de seguridad de las armas de fuego y llevando el equipo de seguridad adecuado, como ropa de color naranja intenso, para ser visible para los demás cazadores. Practicar tiro al blanco con regularidad y familiarizarse con su arma le garantizarán un disparo preciso.

Paciencia

La caza requiere mucha paciencia. Permanezca quieto y en silencio durante largos periodos mientras espera su oportunidad.

Consideraciones éticas

Practique la caza selectiva apuntando a animales maduros para conseguir una población de fauna salvaje sana y sostenible. Respete la vida salvaje realizando solo disparos éticos y asegurándose de que la muerte sea rápida y humanitaria.

Recuerde que la caza debe realizarse siempre de forma ética y conforme a las leyes y reglamentos de caza locales. Una caza exitosa consiste en abatir piezas, disfrutar del aire libre y respetar el mundo natural.

Cocinar los alimentos con seguridad

Los métodos de cocina seguros y las prácticas adecuadas de manipulación de alimentos en la naturaleza evitan las enfermedades transmitidas por los alimentos y garantizan una aventura segura al aire libre. He aquí algunas pautas necesarias.

Métodos de cocina seguros

Cocinar sobre un fuego

- Utilice una hoguera o un hornillo portátil para cocinar. Asegúrese de que el fuego está completamente apagado después de usarlo.
- Controle el calor ajustando la distancia entre sus utensilios de cocina y las llamas.
- Utilice un termómetro de carne para asegurarse de que la carne se cocina a una temperatura segura (por ejemplo, las aves a 165 °F o 74 °C, y la carne picada a 160 °F o 71 °C).
- Hervir el agua.
- Hervir el agua durante al menos un minuto es una de las formas más eficaces de purificarla, haciéndola segura para cocinar o beber.
- Lleve consigo un sistema fiable de purificación del agua, como filtros de agua o pastillas purificadoras, si necesita aclarar la seguridad de la fuente de agua.
- Utilice utensilios limpios.
- Limpie los utensilios de cocina y la batería de cocina frotándolos con agua y jabón biodegradable. Aclárelos a fondo.
- Evite la contaminación cruzada utilizando tablas de cortar y utensilios distintos para los alimentos crudos y los cocinados.

Prácticas de manipulación de alimentos

Higiene de las manos

- Lávese las manos con agua limpia y jabón antes de manipular alimentos, especialmente después de ir al baño o de manipular carne cruda.
- Lleve desinfectante de manos para situaciones en las que no disponga de agua y jabón.
- Almacenamiento de alimentos.
- Utilice recipientes herméticos y resistentes a los animales o botes para osos para almacenar los alimentos. Cuelgue los alimentos en bolsas para osos si es necesario en zonas propensas a los osos.

- Guarde los alimentos perecederos en una nevera con bolsas de hielo para mantener temperaturas seguras.

Separación de alimentos

- Mantenga la carne, las aves y el marisco crudos separados de otros alimentos para evitar la contaminación cruzada.
- Utilice bolsas o recipientes de plástico sellados para evitar que los jugos de la carne cruda se filtren a otros artículos de su mochila.
- Superficies de preparación limpias.
- Utilice una superficie limpia y plana para preparar los alimentos. Puede utilizar una tabla de cortar portátil o una roca limpia y plana.
- Evite utilizar superficies que puedan haber sido contaminadas por animales o productos químicos.
- Inspección de los alimentos.
- Inspeccione todos los alimentos en busca de signos de deterioro o daños antes de consumirlos.
- Deseche cualquier alimento enlatado con abolladuras, fugas o abultamientos visibles.

Fuentes de agua seguras

- Utilice siempre agua purificada o hervida para preparar los alimentos.
- Evite utilizar agua de fuentes que puedan estar contaminadas, como charcos estancados o agua corriente abajo procedente de la actividad humana.

Enfriar las sobras

- Enfríe rápidamente las sobras a temperaturas seguras (por debajo de 40 °F o 4 °C) y guárdelas en una nevera.
- Recaliente las sobras a una temperatura alta antes de consumirlas.
- Eliminación de residuos.
- Deshágase de los restos de comida de forma adecuada envasándolos en bolsas selladas. Dejar restos de comida en la naturaleza puede atraer a la fauna salvaje.

Practicar métodos de cocina seguros y prácticas de manipulación de alimentos en la naturaleza es crucial para prevenir enfermedades transmitidas por los alimentos y mantener una experiencia saludable y agradable al aire libre. Siga siempre los principios de "no dejar rastro" y la normativa local para el almacenamiento de alimentos y la eliminación de residuos en zonas naturales.

Sección 9: Habilidades y consejos adicionales de Bushcraft

Esta sección final proporciona habilidades, consejos y trucos adicionales para realizar prácticas de bushcraft seguras y eficaces. Están diseñados para que pase de dominar las habilidades fundamentales a convertirse en un practicante más avanzado que pueda manejar diversos escenarios y desafíos en la naturaleza.

Habilidades avanzadas de supervivencia

Señalización

Conocer las señales de socorro y los métodos de comunicación puede ser un salvavidas en la naturaleza salvaje

https://commons.wikimedia.org/wiki/File:Distress_Signals.png

Conocer las señales de socorro y los métodos de comunicación puede ser un salvavidas en las zonas salvajes. Si no tiene acceso a una radio o un teléfono, le serán útiles sus manos, un trozo de tela, humo y otros objetos. Por ejemplo, utilizar un silbato (un artículo muy recomendable en su lista de equipo para aventuras al aire libre) es una forma estupenda de señalar socorro o alertar a la fauna de su presencia.

Silbato o linterna

El soplo de un silbato es un sonido poco habitual en la naturaleza, y utilizarlo tres veces es una forma segura de hacer entender a los demás que necesita ayuda. Después de cada soplo, haga una pausa de dos segundos y repita. Si hay alguien cerca, se detendrá y escuchará. Repita el método de los tres golpes varias veces para asegurarse de que le han escuchado. Puede utilizar el mismo método con una linterna durante la noche. Enciéndala (manteniéndola recta delante de usted o ligeramente hacia arriba), apáguela, vuelva a encenderla y repita.

Humo

Las señales de humo son una gran alternativa durante el día. Puede hacer una hoguera o utilizar el humo del fuego que utilizó para cocinar, limpiar, etc. Necesitará un humo denso, así que añada hierba y otras plantas verdes. Cubra el fuego que no esté utilizando para otros fines con un paño húmedo cuando el humo se vuelva denso. Mantenga la cubierta puesta durante unos segundos, luego retírela para dejar que el humo se desplace hacia arriba. Pasados unos segundos, vuelva a colocar el paño y repita los pasos anteriores según sea necesario.

Uso de la tela

Dado que destacan en el entorno natural, las piezas de ropa de colores vivos también pueden ser una alternativa para crear señales visibles. Para señalar socorro, sostenga y agite la tela por encima de su cabeza. Ate la tela más arriba alrededor de su zona de acampada/refugio para alertar a los animales salvajes. Esto funcionará en un entorno donde los colores sean perceptibles desde lejos, pero no en un bosque denso.

Gritar o chillar

Si no tiene nada para hacer señales, gritar o chillar a intervalos regulares también ayuda. Aplique el mismo principio que con los otros métodos. Deje salir un sonido fuerte, pare y repita según sea necesario.

Espejos

Incline un espejo para que capte la luz del sol y diríjalo de forma que el reflejo vaya hacia arriba, facilitando la visión a los rescatadores. Utilice este método de la misma forma que lo haría con un silbato. Envíe una señal de reflejo durante uno o dos segundos, cúbralo y repítalo dos veces más. Espere unos segundos, envíe otras tres señales y repita durante el tiempo que sea necesario.

Habilidades de concienciación sobre la vida salvaje

Antes de embarcarse en una aventura al aire libre, infórmese sobre la fauna local y su comportamiento. ¿Sabe qué animales viven allí y dónde viven? ¿Sabe qué comen y cómo actúan cuando se sienten amenazados?

Si no es así, infórmese. Le ayudará a comprender los peligros a los que se enfrentará en esa zona específica para que pueda prepararse adecuadamente para ellos.

Además de utilizarlos como alimento, deberá a la fauna salvaje. Esto garantiza su seguridad y también el bienestar de los animales. Respete su espacio y obsérvelos solo desde una distancia segura. Si se los encuentra de improviso, mantenga la calma y no se acerque a ellos. Empiece a alejarse de ellos y déjeles espacio para que puedan hacer lo mismo. Si se vuelven agresivos, no se mueva, pero empiece a hacer ruido. Cuando se desplace a una zona nueva, haga ruidos para alertarles de su presencia y evitar asustarles. Además de almacenar sus alimentos de forma segura (idealmente en botes que pueda colgar y lejos de su zona de descanso), también es una buena idea deshacerse de sus restos de agua y comida de forma segura. Dejar rastro atraería a los animales.

Habilidades de identificación

Además de identificar las huellas de los animales que quiera cazar y las plantas venenosas para evitar contratiempos en la búsqueda de comida, necesitará otras habilidades de identificación como saber recoger madera para distintos fines. Por ejemplo, las maderas blandas como el pino funcionan mejor para encender un fuego, mientras que las maderas duras son más duraderas y pueden utilizarse para construir un refugio o mantener un fuego durante mucho tiempo.

Habilidades de preparación y almacenamiento

Saber preparar adecuadamente los alimentos le permitirá almacenarlos de forma segura. Comprender cómo almacenarla le ayudará a ocultarla de los animales salvajes para no atraerlos. Sin embargo, elegir el espacio de almacenamiento para su comida puede ser todo un reto en la naturaleza salvaje. Además de colgarla, asegúrese de que la comida se mantiene también en un lugar seco y fresco. Cuelgue su comida en un recipiente hermético a la sombra (donde las temperaturas no superen los 90 grados en verano y los 30 en invierno). Esté atento a las plagas y manténgalas alejadas de su comida y de su agua.

Utilizar pegamento

Embalar ligero es esencial cuando se va a una aventura al aire libre, y puede que solo tenga uno de cada artículo de almacenamiento, como una botella de agua. ¿Qué ocurre si su fiel botella de agua se rompe? ¿Y si su tienda de campaña resulta dañada por las inclemencias del tiempo?

Estas son situaciones clásicas en las que saber utilizar pegamento (uno fuerte, no el que se usa para los proyectos escolares) le resultará útil.

He aquí algunos consejos para utilizar el pegamento:

- Practique (al principio bajo la supervisión de un adulto) utilizando diferentes materiales y pegamentos fuertes.
- Ejerza presión sobre el objeto pegado y busque grietas y fisuras para determinar si la unión se mantendrá.
- Si pega un objeto que ya ha sido pegado antes en el mismo lugar o que tiene una superficie irregular, tendrá que lijar primero la superficie para que el pegamento se adhiera.
- Aplique los pegamentos fuertes con su aplicador o con un elemento que tenga a mano (un trozo de tela, por ejemplo) y nunca con las manos.
- Sujete con abrazaderas las dos superficies para crear una unión más fuerte y hacer que el proceso sea más rápido.
- Lea las instrucciones del adhesivo relativas a los tiempos de curado y secado (la etiqueta debe indicar cuándo está seco al tacto y cuándo puede utilizar el artículo con seguridad).
- Aprenda qué pegamento funciona mejor con qué material (independientemente de la etiqueta, algunos pegamentos funcionan mejor con unos materiales que con otros).

También puede fabricar pegamento con materiales que encuentre en la naturaleza, como savia de árbol, resina, cera, corteza o miel. Busque savia o resina cerca de pinos, abetos o píceas heridos. También puede utilizar corteza de sauce y abedul. El material líquido como la savia puede utilizarse inmediatamente después de extraerlo del árbol, cortando ligeramente en el lugar donde vea salir el líquido de una herida. Si utiliza material duro como resina o corteza, trocéelo en pedacitos, mézclelo con agua (1 parte de material vegetal, 2 partes de agua), llévelo a ebullición en una olla y cuézalo a fuego lento hasta que espese (unos 30 minutos).

Consejos adicionales de Bushcraft

Mantenerse entretenido

Si está acostumbrado a entretenerse con artilugios o a pasar el rato con amigos en una zona urbana ajetreada, se sorprenderá de lo aburrido que se sentirá en la naturaleza. Es tranquilo, y si sale con un grupo más grande, todas las tareas se harán en un santiamén, por lo que tendrá mucho tiempo libre. La buena noticia es que mantenerse entretenido es una habilidad que puede aprender con la práctica. Además, cuanto mayor sea su grupo, mayores serán las posibilidades de que alguien idee un plan para hacer participar a todo el mundo y convertir su aventura en una experiencia divertida. Piense en lo que podría hacer que no implique aparatos electrónicos o hacer ruidos fuertes. Los juegos que no requieran mucho equipo y los horarios de búsqueda (de animales y plantas sobre los que haya leído previamente) son grandes opciones.

Haga que la práctica sea divertida

Todo es más fácil de aprender si hace que practicarlo sea divertido. Por ejemplo, puede convertir la práctica de identificar piedras en algo más, como un concurso de lanzamiento de piedras. Cuando busque leña, podría enumerar otros fines para lo que ha recogido (como hacer un refugio, utilizar un palo afilado para arponear peces, etc.).

Trabaje su conciencia

Moverse con sigilo, paciencia y conciencia de la situación son dos habilidades cruciales que necesitará en la naturaleza salvaje. Por un lado, tendrá que moverse de forma que haga el menor ruido posible. Por otro, deberá saber cuándo detenerse y estar atento a las señales de la vida salvaje. También le enseñará a esperar pacientemente y en silencio. Puede practicar esto escuchando cómo se mueven los demás por la casa o al aire libre cuando no haya otros ruidos alrededor.

Acostúmbrese a dormir en lugares inusuales

Si está acostumbrado a dormir en una habitación oscura en una cama cómoda, en la naturaleza, cada pequeño ruido o signo de incomodidad le despertará. Puede hacer que su refugio sea lo más confortable posible utilizando los materiales adecuados, pero aun así tendrá que aprender a dormir con los sonidos de la naturaleza y estando un poco incómodo (como cuando la zona donde duerme es un poco más cálida de lo habitual o cuando no tiene tanto espacio como está acostumbrado a tener en su cama). Dormir mejor le ayudará a estar más alerta durante el día para evitar errores y lesiones.

Practique a menudo

Todo el mundo aprende a diferentes velocidades en función de sus intereses, suministros, habilidades y oportunidades. Esto es totalmente normal. No se desanime si no puede dominar una habilidad inmediatamente. Todo el mundo comete errores cuando aprende algo.

La práctica hace al maestro, y algunas habilidades tardan más en aprenderse que otras. Empiece por lo básico y practíquelo con la mayor frecuencia posible. Solo pase a las habilidades avanzadas cuando se sienta seguro con las básicas. Practicar repetidamente también le permitirá aprender de sus errores mucho antes.

Practique incluso aquellas habilidades de bushcraft que se le dan bien para no perder la práctica. Algunas habilidades son más fáciles de recordar, mientras que otras no. Si no practica las habilidades que ya domina, podría fallar en una situación de emergencia o cuando se sienta cansado tras un largo día al aire libre.

Aprenda a trabajar con los demás

Aunque explorar la naturaleza en grupo puede ser divertido, habrá ocasiones en las que no todos se lleven bien. Puede que no estén de acuerdo en cómo debe hacerse algo. Sin embargo, por la seguridad de todos, debe aprender a trabajar con los demás, aunque no se lleve bien con ellos o no esté de acuerdo con su opinión. A veces hay que llegar a un compromiso.

Otro problema que puede surgir es la sensación de que no todo el mundo hace su parte de la carga de trabajo. Por ejemplo, puede enfadarse porque una persona se negó a limpiar mientras otras iban a por provisiones y cocinaban. En lugar de enfadarse, pregúnteles por qué no limpiaron y escuche su versión independientemente de sus sentimientos. Después de escucharles, explíqueles por qué cree que su comportamiento es injusto e intente llegar a un compromiso.

También debe escuchar lo que dicen los demás cuando no esté de acuerdo en hacer algo. Escucharles le ayudará a entender por qué quieren hacerlo como lo hacen y podrá decidir si no está de acuerdo. Demostrar que le importan las opiniones de los demás es necesario para un buen trabajo en equipo. Fomenta la camaradería y garantiza que todos sepan que deben contar con los demás para sobrevivir y prosperar en la naturaleza.

Practique la relajación

Aunque mantenerse alerta es necesario muchas veces en la naturaleza salvaje, estar en este estado le hará sentirse ansioso y estresado. Le hará dormir mal y reaccionar de forma exagerada ante cualquier pequeño ruido o visión que aparezca de repente. A veces, necesita relajarse y dejar que los demás (y su equipo y medidas de protección) le mantengan a salvo.

Piense antes de actuar

La naturaleza salvaje puede ser impredecible, pero con una buena preparación, puede predecir y aprender qué hacer en cada circunstancia. Si se encuentra en una situación en la que no sabe qué ocurrirá a continuación, tómese un momento para pensar. Su acción puede marcar la diferencia entre mantenerse a salvo o adentrarse en una situación peligrosa como encontrarse con animales salvajes o en un terreno lleno de peligros ocultos. Piense en dónde se encuentra y qué peligros podrían acecharle en su ubicación actual. Al principio, esta será una habilidad difícil de dominar, pero se volverá mucho más fácil con la práctica.

Mensaje de agradecimiento

Gracias por elegir y leer este libro. Al final del libro, se habrá enriquecido con una amplia gama de habilidades y conocimientos sobre cómo sobrevivir en la naturaleza. Ha aprendido qué equipo necesita para la práctica del bushcraft, cómo asegurar nudos, construir un refugio y un fuego, encontrar recursos de agua y alimentos, y qué hacer si alguien se lesiona o enferma. Pasar tiempo en la naturaleza puede ser una perspectiva aterradora. Sin embargo, ahora que ha adquirido todas estas habilidades, ya no tiene nada que temer porque sabrá qué hacer en cada situación. Aunque siempre es aconsejable explorar la naturaleza en compañía de adultos, tener algunos trucos de bushcraft bajo la manga le ayudará a ser más independiente durante sus aventuras.

Ahora, ha llegado el momento de poner en práctica sus conocimientos mientras sigue aprendiendo sobre bushcraft. Recuerde que se trata de un complejo conjunto de habilidades que requiere tiempo, dedicación y paciencia para dominar. Además, cuantos más talentos de bushcraft domine, mayores serán sus posibilidades de supervivencia si se encuentra sin ayuda en la naturaleza.

Puede ayudar a organizar su próxima aventura y mostrar sus habilidades recién adquiridas solo en su viaje. Tomar la iniciativa y mantenerse activamente a salvo a sí mismo y a los demás en sus exploraciones al aire libre le dotará de una experiencia práctica muy necesaria. Mientras lo hace, puede utilizar este libro como un trampolín y una referencia para su futuro aprendizaje sobre la vida salvaje y la supervivencia en la naturaleza.

Practicar lo aprendido en este libro le dará más confianza en sus habilidades prácticas al aire libre. A medida que aplique estos talentos, verá cuántas aventuras le depara la vida al aire libre. En ocasiones, le enseñará a ser más independiente y a pensar con originalidad, mientras que en otras circunstancias, le dará la oportunidad de admirar las bellezas naturales que solo se pueden ver en la naturaleza. Una vez más, gracias y enhorabuena por completar este libro y embarcarse en su primer viaje de bushcraft.

Vea más libros escritos por Dion Rosser

Referencias

10 essential outdoor survival tips. (n.d.). Nuvancehealth.Org. https://www.nuvancehealth.org/health-tips-and-news/10-essential-outdoor-survival-tips

3 Things You MUST Teach Children for Wilderness Survival. (n.d.). Survivalfitnessplan.Com. https://www.survivalfitnessplan.com/blog/wilderness-survival-lessons-children

Basic Knots. (2019, January 11). Animatedknots.com. https://www.animatedknots.com/basic-knots

Biggers, S. (2019, October 19). The Adhesives and Glues Every Prepper Needs. Backdoor Survival. https://www.backdoorsurvival.com/the-adhesives-and-glues-every-prepper-needs/

Biggers, S. (2020, April 8). Survival Skills List: 75 Important Skills From Basic To Advanced. Backdoor Survival. https://www.backdoorsurvival.com/survival-skills/

Brown, T., & Morgan, A. B., Jr. (2023, April 4). Making cordage from natural materials. Mother Earth News – The Original Guide To Living Wisely; Mother Earth News. https://www.motherearthnews.com/diy/making-cordage-natural-materials-zmaz83jfzraw/

Bushcraft basics - the ultimate beginners' guide - HANWAG STORIES. (2023, March 31).

Chowdhury, M. R. (2023, October 13). The positive effects of nature on your mental wellbeing. PositivePsychology.com. https://positivepsychology.com/positive-effects-of-nature/

Dale, A. (n.d.). What are the Essential Wilderness Skills? Tech Writer EDC. https://techwriteredc.com/the-art-of-survival-mastering-the-essential-skills-for-thriving-in-the-wilderness/

Dedman, G. (2019, December 2). 12 Essential items people should have with them when they venture outdoors. Bushcraft Survival Australia. https://bushcraftsurvivalaustralia.com.au/12-essential-items-people-should-have-with-them-when-they-venture-outdoors/

Dedman, G. (2021, January 31). Cordage - something you should never be without. Bushcraft Survival Australia. https://bushcraftsurvivalaustralia.com.au/cordage-something-you-should-never-be-without/

Dedman, G. (2022, August 10). Water acquisition and purification. Bushcraft Survival Australia. https://bushcraftsurvivalaustralia.com.au/water-acquisition-and-purification/

DeRushie, N. (2020). Fire and cooking. Woodland Bushcraft. https://www.woodlandbushcraft.com/fireandcooking

End, S. A. (2022, January 22). How to build a survival shelter in the wild. Survive After End. https://surviveafterend.com/how-to-build-a-survival-shelter-in-the-wild/

Environment, & Climate Change. (n.d.). Trapping and harvesting - kids and teachers. Gov.Nt.Ca. https://www.gov.nt.ca/ecc/en/services/trapping-and-harvesting/trapping-and-harvesting-kids-and-teachers

Fire Craft 101. (n.d.). Slideshare.net. https://www.slideshare.net/kevinestela/fire-craft-101-presentation

Foraging for beginners: Tips for safely gathering wild, edible foods. Waterproof, Windproof & Breathable Clothing. (2017, November 8). https://www.gore-tex.com/blog/foraging-food-wild-plants

FutureLearn. (2023, June 9). The importance of first aid: 5 reasons to learn. FutureLearn. https://www.futurelearn.com/info/blog/the-importance-of-learning-first-aid-5-reasons-to-learn

Gebhardt, M. (n.d.). Outdoor skills: Meaning, definition, origin. Survival Kompass. https://survival-kompass.de/dictionary/outdoor-skills/

Graham, S. (2023, May 5). How to Make Glue in the Wild: A Comprehensive Guide. Glue Savior. https://gluesavior.com/how-to-make-glue-in-the-wild/

Handling food safely while eating outdoors. (2022, February 17). U.S. Food and Drug Administration; FDA. https://www.fda.gov/food/buy-store-serve-safe-food/handling-food-safely-while-eating-outdoors

Harbour, S. (2020, December 15). Wilderness survival kits for kids: What to include? An Off Grid Life. https://www.anoffgridlife.com/wilderness-survival-kits-for-kids/

How to choose a wilderness campsite. (n.d.). Wilderness.net. https://wilderness.net/learn-about-wilderness/benefits/outdoor-recreation/camping/where-to-camp.php

How to tie a bowline knot. (n.d.). Rmg.co.uk. https://www.rmg.co.uk/stories/topics/how-tie-bowline-knot

Hurley, T. (2011, March 17). Outdoor cooking safety. LoveToKnow. https://www.lovetoknow.com/food-drink/meal-ideas/outdoor-cooking-safety

Hypothermia. (n.d.). WebMD. https://www.webmd.com/a-to-z-guides/what-is-hypothermia

James, J. (2020, March 17). 7 best ropes for survival based on uses and situation. Survival Freedom; Jim James. https://survivalfreedom.com/7-best-ropes-for-survival-based-on-uses-and-situation/

Leave no trace. (2023, September 6). The 7 principles - leave no trace center for outdoor ethics. Leave No Trace. https://lnt.org/why/7-principles/

Life, T. M. O. (2020, July 1). Nine natural shelters that can save your life in the wild. Popular Science. https://www.popsci.com/story/diy/natural-shelters-save-life-wild/

MacWelch, T. (2013, February 21). Survival skills: How to scout a good campsite. Outdoor Life. https://www.outdoorlife.com/blogs/survivalist/2013/02/survival-skills-how-scout-good-campsite/

MacWelch, T. (2020, October 12). How to process and use animal sinew. Outdoor Life. https://www.outdoorlife.com/story/survival/how-to-process-and-use-animal-sinew/

Nalanda. (2023, September 26). How to plan your first outdoor adventure as a family with kids. Medium. https://medium.com/digital-global-traveler/how-to-plan-your-first-outdoor-adventure-as-a-family-with-kids-1bbaa961eb70

Nesbitt, E. (2023, September 8). The benefits of teaching your kids bushcraft and survival skills. Wildlings Forest School. https://www.wildlingsforestschool.com/blog/bushcraft-and-survival-life-skills

Off The Grid. (2010, September 7). Staying warm in an emergency - Insulation. Off Grid Survival - Wilderness & Urban Survival Skills. https://offgridsurvival.com/emergencyinsulation/

Onbekend, T. (n.d.). Knowing survival firecraft can save your life. Extopian. https://extopian.com/outdoors/knowing-survival-fire-craft-can-save-your-life/

Owen, R. (2016, July 18). Camping in unfavorable weather: What to pack. The National Wildlife Federation Blog. https://blog.nwf.org/2016/06/camping-in-unfavorable-weather-what-to-pack/

Poffe, B. (2015, May 22). Bushcraft family, reconnect with nature. Rewilding Drum België; Rewilding Drum. https://www.rewildingdrum.be/bushcraft-good-for-your-tribe-good-for-you/

Rejba, A. (2019, July 1). Why is Shelter Needed for Survival? The Smart Survivalist Blog. https://www.thesmartsurvivalist.com/why-is-shelter-needed-for-survival/

Safety Kits Plus. (2021, May 21). First Aid Kits For Hiking & adventures. Safety Kits Plus. https://www.safetykitsplus.com/blogs/safety/first-aid-kits-for-hiking

Safety Kits Plus. (2021, May 21). First Aid Kits For Hiking & adventures. Safety Kits Plus. https://www.safetykitsplus.com/blogs/safety/first-aid-kits-for-hiking

Sherpa, S. (n.d.). Fire craft skills -. Survival Sherpa. https://survivalsherpa.wordpress.com/tag/fire-craft-skills/

Spera, J. (2018, May 8). Camping gear: 27 essentials for camping with kids. Today's Parent: SJC Media. https://www.todaysparent.com/family/activities/camping-gear-essentials-kids/

Spirit, B. (n.d.). Survival basics. Survival Basics | Bushcraft Spirit. https://www.bushcraftspirit.com/survival-basics/

Stricklin, T. (2023, October 5). 15 dangerous diseases caused by contaminated drinking water. SpringWell Water Filtration Systems. https://www.springwellwater.com/15-dangerous-diseases-caused-by-contaminated-drinking-water/

Survival hunting and trapping. (2015, September 14). Survival Skills and Bushcraft for the Modern Survivalist. https://yostsurvivalskills.com/survival-hunting-trapping/

Survival, A. (n.d.). Fire Craft. Armstrong Survival. https://armstrongsurvival.com/tag/fire-craft/

Tautline hitch. (n.d.). Netknots.com. https://www.netknots.com/rope_knots/tautline-hitch

Teaching basic first aid to kids. (2020, December 14). RUN WILD MY CHILD. https://runwildmychild.com/teaching-first-aid/

Teaching basic first aid to kids. (2020, December 14). RUN WILD MY CHILD. https://runwildmychild.com/teaching-first-aid/

Teaching CPR to children. (2019, March 15). HSI. https://hsi.com/solutions/cpr-aed-first-aid-training/resources-media/blog/teaching-cpr-to-children

Teaching CPR to children. (2019, March 15). HSI. https://hsi.com/solutions/cpr-aed-first-aid-training/resources-media/blog/teaching-cpr-to-children

What's the best material to use for waterproofing a survival shelter? (2019, January 12). Bushcraft Buddy. https://bushcraftbuddy.com/whats-the-best-material-to-use-for-waterproofing-a-survival-shelter/

Wilderness survival shelter. (n.d.). Bushcraftspirit.com. http://www.bushcraftspirit.com/wilderness-survival-shelter/

Wilderness survival: Fire & Knives. (n.d.). Trackerspdx.com. https://trackerspdx.com/youth/halloween-camps/wilderness-survival-fall-fire-knives.php

Wilderness Survival: Firecraft. (n.d.). Wilderness-survival.net. https://www.wilderness-survival.net/chp7.php

Wilderness survival. (n.d.). Mountainshepherd.com. https://mountainshepherd.com/home-2/wilderness-survival/

Williams, T. (2023, June 27). How to build a shelter: Your home away from home. Desert Island Survival. https://www.desertislandsurvival.com/how-to-build-a-shelter/

Willis, D. (n.d.). What is Bushcraft? Bushcraft with David Willis. http://www.davidwillis.info/what-is-bushcraft

www.ingramcontent.com/pod-product-compliance
Lightning Source LLC
Chambersburg PA
CBHW070752220426
43209CB00084B/1161